非洲金融明珠

——标准银行集团史

姜建清　樊兵　高文越　编著

中国金融出版社

责任编辑：李　融
责任校对：李俊英
责任印制：张也男

图书在版编目(CIP)数据

非洲金融明珠：标准银行集团史 (Feizhou Jinrong Mingzhu: Biaozhun
Yinhang Jituanshi) / 姜建清，樊兵，高文越编著.—北京：中国金融出版
社，2018.8

ISBN 978-7-5049-9710-4

Ⅰ.①非…　Ⅱ.①姜…　②樊…　③高…　Ⅲ.①银行史—南非
Ⅳ.①F834.709

中国版本图书馆CIP数据核字（2018）第193310号

出版
发行　**中国金融出版社**

社址　北京市丰台区益泽路2号
市场开发部　　(010) 63266347，63805472，63439533 (传真)
网 上 书 店　http://www.chinafph.com
　　　　　　　(010) 63286832，63365686 (传真)
读者服务部　(010) 66070833，62568380
邮编　100071
经销　新华书店
印刷　保利达印务有限公司
尺寸　169毫米×239毫米
印张　15
字数　210千
版次　2018年8月第1版
印次　2018年10月第2次印刷
定价　56.00元
ISBN 978-7-5049-9710-4
如出现印装错误本社负责调换　联系电话(010) 63263947

序 一

本书介绍的是一部企业史。企业史学是经济史学的一个分支，以企业家和企业形成、发展、兴衰、演进为研究对象。企业史研究重点关注企业沿革过程中，特定的社会、经济环境及重大事件与企业发展的关联，研究企业的策略、组织、经营和管理对企业成长的影响。企业史学出现较晚，20 世纪 30 年代左右才从经济史学中独立出来，并形成独立的学派，成为历史学领域一门独立的新型学科。企业史学诞生后，充满着活力和生机，掀起了一股企业史研究热，许多大学也开始增设企业史课。企业史研究以艾尔弗雷德·杜邦·钱德勒（Alfred Dupont Chandler Jr.，1918—2007）的《看得见的手：美国企业的管理革命》为圭臬，之后一大批企业史和企业家传方面的专著纷纷面世。本书通过引证翔实的资料，分析了一家非洲金融企业发展壮大的历史过程。这家金融企业经历的漫长旅程与南非丰富多彩的历史文化和波澜起伏的社会发展紧密相关，它从伊丽莎白港一个初创的贸易融资银行成长为非洲资产规模最大、机构网络最广和最有影响力的银行集团。历经 150 多年动乱不安的沧桑历史，至今仍生机勃勃，保持其独特的品质、开拓进取的精神。企业成功的背后不仅是幸运。书中揭示了其成功背后的"企业基因"，是抓住机遇、适应环境的能力，是善于改变、与时俱进的精神，更重要的是企业家的智慧和管理能力，尤其是在关键时刻的判断力和领导力，他们带领企业应对殖民地战争、经济大萧条和政治大变革时期的巨大挑战。以史为鉴，可知兴替。从书中我们可以看到成功者的管理之"器"和管理之"道"，看到管理现象背后的形成机理，从而更深刻地理解研读企业史对于企业和企业家的启示作用。

本书介绍的是一部银行史。银行史与企业史既有共性也有个性。银行是企业，是从事货币经营的特殊企业。许多银行，尤其是大型银行，往往与一国的经济、金融甚至社会政治有密切的关系。银行将储蓄转化为投资，通过投资促进经济发展。银行是连接宏观经济和微观经济的纽带和桥梁。货币政策通过银行信贷投放去传导，银行经营存在更大的风险，因此银行更具公共性和外部性。银行史不同于一般的企业史，它的视野更为广阔一些，通过对银行历史的记录、阐述和研究，往往折射出一国经济、社会发展的历史轨迹和时代特征。不过由于银行业务专业性强，专业术语多，业务具有相似性和同质性，对非业内人士来说，可能会感觉银行史枯燥难懂、平淡无味。本书力求克服此难题，尽力挖掘标准银行历史上的精彩故事，比如银行是如何最早进入钻石和黄金产业的，并尽力阐述事件的历史场景。本书讲述了标准银行的创新意识，主动甚至"冒险"进入未知领域的过程。标准银行是钻石矿区的第一个银行机构。当黄金在威特沃特斯兰德被发现时，标准银行迅速在当地的一个帐篷中首个设立了营业网点。虽然银行史主要讲述的是机构历史，但我们也介绍了在标准银行重要发展节点时期的领导人，展现他们在特殊时期的不凡贡献。银行和银行家的兴衰沉浮离不开时代背景。但也与银行家的性格、努力密不可分，讲述银行家的故事，使稍显枯燥的银行史有血有肉，凸显了银行发展和创新背后人的因素，使人们更能了解历史过程的偶然性和必然性。

　　相比历史悠久的欧美大型银行，新兴市场国家的银行业，或因不重视修史，或因银行存续期短、兼并重组多，因而面世的银行史较少见。另一现象是曾经的殖民地国家的银行史更为罕见，或因银行及企业历史档案缺乏及灭失，或因银行及企业档案仅存储于原宗主国，总之形成原殖民地国家银行史和企业史研究的大段空白。而包括非洲银行业在内的新兴市场国家银行和企业史研究，对于研究殖民地和新兴市场国家的社会及经济发展极具意义。幸运的是，标准银行是在非洲少见的、持续经营156年的古老银行。标准银行经历了殖民地时期、种族隔离时期和建立民主国家的历史阶段。标准银行最初是一家英资银行，它们沿袭了善于修史的传统。在1913年、1965年和2014年，标准银行对本行汗牛充栋、卷帙浩繁的档案资料进行了费时多年的整理、分析、搜集和归类工作，并出版了标准银行50年、100年和150年的英文版银行史，对我们写作和出版这部中文版标准银行史提供了极大的帮助。

　　本书介绍的是一部非洲的银行史。非洲是世界第二大洲，是发展中国家最集中的大陆。南非是南方古猿化石的最早发现地，是人类发源地之一，素以古文明著称于世。南非位于非洲大陆最南部，有"彩虹之国"的美誉。今日的南非，不仅是非洲最大的经济体和最有影响力的国家之一，还是新兴市场最具成长性和吸引力的代表，金砖国家的成员之一。标准银行是撒哈拉非洲南部地区最古老的银行，其在南非从事营业活动长达一个半世纪，在非洲不少国家的经营也超过了一个世纪，其历史甚至早于非洲南部公共驿站的出现。当时，原住民跑手以分叉的木棒来传递信息，并以头顶物品的方式来运输货物，这是该地区当时唯一被认可的通信和交通手段。非洲与欧洲大陆相隔千里，标准银行提供的贸易、汇款、结算和清算服务，成为沟通非洲与欧洲，沟通当地经济、金融联系，促进商业、投资发展的重要桥梁和纽带。标准银行抓住 19 世纪七八十年代钻石和黄金的发现以及用于铁路建设的境外资金的流入这些契机，加速了当地经济增长并使得其自身能在南非国内外扩展业务。在 19 世纪 90 年代，标准银行已经成为非洲南部最重要的银行，其机构分布远至刚果、桑给巴尔、乌干达和坦噶尼喀。讲述 156 余年标准银行历史时，我们无法不涉及南非的历史和其他非洲国家的历史，近代的非洲和南非曾长期陷入殖民主义统治和战争的深重灾难之中。南非长期实行的种族歧视和种族隔离政策，受到了南非人民的坚决抗争和国际社会的谴责和制裁。正义终将来临，1994 年，南非宣布种族隔离制度结束，通过和平方式建立了种族平等的民主独立的国家。标准银行在促进金融行业的"黑人振兴政策"的"南非金融业纲领"的制定过程中发挥了领导作用，并创建了旨在解决该国的人力资本赤字问题的商业信托基金。它还将银行股东范围扩大到了黑人员工、客户和小企业，并且还深入参与了整个非洲的基础设施建设。

虽然这是一部非洲银行的历史，但读者可以看到标准银行历史背后的非洲和南非的历史。标准银行见证了南非曲折坎坷、跌宕起伏的岁月。南非重新融入了国际社会后，标准银行进军非洲大陆的道路再一次被打开，依靠其丰富经验以及在资源银行业务领域的专业技能，标准银行在非洲大陆及全球的新兴市场中发挥着重要作用。在 21 世纪第一个十年，非洲经济又一次面临起飞，标准银行提出回归非洲、聚焦非洲的战略，作为最熟悉非洲、长期耕耘于非洲的一家非洲本土银行，它敏锐地嗅觉到非洲又一次黄金时期来临的巨大和潜在机遇。

本书介绍的是一部与中国有密切关系的非洲的银行史。中非同样作为人类文明发达最早的地区，两个古老文明早在两千年前就有交汇。汉朝张骞开辟了东起长安，西穿新疆大漠，辗转中亚、西亚、南亚，一直抵达地中海及北非的沿海地区的"丝绸之路"，打开了中非贸易往来与文化交流的通道。东汉末年自埃及传入中国的"胡床"（折叠椅子），唐朝时期敦煌壁画描绘的非洲黑人形象、宋代记载非洲风土人情和地志物产的《诸蕃志》《岭外代答》等书籍，明代著名航海家郑和七次下西洋、四次来到非洲东海岸的壮举，都传递了中非人民的传统友谊，见证了中非人民源远流长的文化交流。记得在中国工商银行准备投资标准银行的过程中，我在标准银行总部大楼参加了该行董事会举办的一个欢迎晚会，标准银行时任董事长做了热情洋溢的讲话，他讲述了郑和到非洲的故事，他强调中国人是热爱和平的民族，从来没有对非洲带来侵略和掠夺。确实如此，中非虽然远隔千山万水，但相似的历史遭遇，以及在争取民族解放斗争中的相互同情与支持，让双方结下了深厚的友谊。从 1955 年万隆会议新中国领导人同非洲国家领导人第一次握手开始，半个多世纪以来，中非友好经受了历史岁月和国际风云变幻的考验，树立了南南合作的典范。

中国和非洲国家在长期的发展过程中经贸合作日益深入。2000 年，中非合作论坛正式成立，中非关系进入了 21 世纪发展快车道。2006 年，中非合作论坛北京峰会确立了中非新型战略伙伴关系，中非合作迈上了新台阶。2015 年，中非合作论坛约翰内斯堡峰会将中非关系提升为全面战略合作伙伴关系，推动中非合作全面深入发展。2018 年是中非合作的崭新一年，中非峰会定于 9 月在北京召开，中非领导人聚首规划新时代中非合作蓝图。今天的中国正在加快推进产业结构调整和转型升级，今天的非洲正在努力推进工业化和现代化，这为中国和非洲国家建立互利互惠、长期可持续的合作奠定了坚实的基础。中国也掀起了对非投资的浪潮，非洲成为中国贸易和投资的重要目的地，为合作注入更强劲、更持久的动力。中国与非洲是当今世界最具发展潜力的两个新兴市场，我相信，非洲今后必然会成为全球经济增长的新引擎。另外过去 10 年来，非洲经济环境的稳定为非洲国家金融系统的改善奠定了坚实基础，许多国家的金融系统有了显著改善。

同时，在撒哈拉以南的非洲地区，目前一半以上的人口仍未能享受银行服务，该地区的银行业发展潜力巨大，因此吸引了越来越多的银行在该地区大力扩展分支机构，为银行业的进一步发展奠定了良好基础。非洲国家也在积极开展与外国金融机构的合作，为非洲本土金融业的运转注入新鲜血液。随着大多数非洲国家正致力于现代化，一批非洲企业希望通过发行债券和股票进行融资，又使非洲资本市场面临很大的发展空间。在内部改革和外部因素的共同作用下，非洲金融业未来可望迎来发展良机。高盛公司曾预测，到 2025 年前，全球金融业发展速度最快的将是非洲，其银行业收益将超过世界其他地区。中国最大的银行和非洲最大的银行建立的长期战略合作伙伴关系，不仅将大大扩展双方的业务平台和客户基础，显著促进双方的价值提升和盈利增长，而且对于中国和南非两国乃至中非之间的经贸往来将产生积极的推动作用。

在漫长的中非历史和金融历史上，第一次在遥远的两个大陆的金融业之间有了合作的历史，第一次在双方银行史中记载了中非银行合作的瞬间。时光如白驹过隙，工商银行投资标准银行已经 10 周年了，10 年来双方合作的广度、深度不断提升，彼此文化理解、沟通更加默契，投资效益良好。双方的银行家依然在共同书写着今天的故事，它又将成为明天的历史。相信在庆祝标准银行成立 200 周年、工商银行成立 100 周年的时候，我们会看到更加繁荣、富强和民主的非洲和中国，同时会看到在续写的银行历史中，中非两家成功的银行为实现这一理想而作出的杰出贡献。

2018 年 6 月

序　二

　　惊喜！当从高文越先生那里获悉我的老朋友姜建清董事长准备撰写一本有关标准银行历史的书时，这就是我当时的心情。惊喜之余，我又思忖，这样一本关于南非银行历史的书和中国有何关联呢？当我读完姜先生的序言之后，这个问题就豁然开朗了。

　　这本书介绍了标准银行的历史，为了解标准银行的发展进程提供了丰富翔实、鲜活多彩的资料。标准银行的发展史是一段绵延悠久、引以为傲的历史，我非常荣幸地伴随它度过了几乎四分之一的岁月，亲历和见证了本书中记述的最近发生的所有重大事件。

　　对于任何大型金融机构而言，自身的发展历史都与其赖以存在的国家历史息息相关。尤其是银行业，其发展与所在国家和地区的社会经济环境休戚相关。在近一个半世纪里，撒哈拉以南非洲国家都经历了政治和经济的巨变，本书中也进行了详细记述。许多有殖民渊源的公司都未能适应这种巨变，逐渐消失。与之形成鲜明对比的是，标准银行主动拥抱这个日新月异的时代，获得了繁荣发展。放眼全球，拥有超过150年历史的大型公司也是不多见的。从这些公司的悠久历史中，我们可以总结借鉴有益经验，这本书正是向我们展示了这类公司的优秀特征。我个人认为，这些历史悠久的公司取得成功有三个主要特征：

第一，与时俱进。这些公司都能够始终不断进行自我调整，不断适应环境变化。大型公司与生俱来具有官僚性，因此这些公司不得不革故鼎新，始终努力保持灵活变通，与时俱进。

第二，协同发展。这些存续几十年以上的公司，都将可持续增长置于公司文化的核心。实现可持续增长有诸多路径，标准银行的发展高度强调"先锋精神"和"开疆拓土"。但是，迫切的发展需求必须与良好的风险管理协同推进，以避免二者失衡造成致命伤害。

第三，上下齐心。睿智、坚定的领导者在公司发展过程中具有十分重要的作用，以共同的目标和良好的价值为基础的公司文化也非常重要，这是毋庸置疑的。历史悠久的公司不仅仅强调一部分人的力量，还强调不断凝聚优秀、忠诚的员工。

我们不仅要从这些历史分析中获取经验，更重要的是知行合一，不断自我革新，将这些有益经验运用到实践之中。

在这本书里，姜先生阐述了中非之间多个世纪以来的深层历史联系。因此，当决定与一家大型国际金融机构建立战略合作伙伴关系时，标准银行没有选择欧洲或者西方伙伴，而是考虑到中非之间的深层联系，选择了中国最大的金融机构——中国工商银行。标准银行的发展前景也因此而变得比 10 年前更加开阔明朗。如果没有中国工商银行时任董事长姜建清先生（亦为本书作者）的深刻洞察力和果断决策力，这是不可能发生的。在我心里，姜先生是我们这个时代最伟大的银行家之一，他带领中国工商银行从一家中国本土的银行发展成为一个国际化的金融机构。

2018 年是标准银行集团与中国工商银行建立战略合作伙伴关系十周

年。十年对于标准银行的历史而言是短暂的，但却是至关重要的十年。我见证了这两家优秀银行之间日益密切且深入的合作，以及合作取得的重大成就。我相信，这两家银行作为中非金融合作的桥梁，将在携手促进中非共同发展方面谱写更加辉煌的篇章。

　　诚挚希望，通过阅读这本书，你能够从姜先生对标准银行这家真诚拥抱中国的非洲银行的历史真知灼见中有所获益。

Jack Maren

2018 年 7 月

目　录
CONTENTS

1857

 Standard Bank

第一章
好望角上的新银行

−1870

Standard Bank

第一节 梦想从这里启航

南非的历史源远流长，科伊桑人是南非最古老的居民，长期过着渔猎和采集生活，他们绘制的洞穴壁画和岩壁雕刻是人类原始艺术的瑰宝。公元3～7世纪，班图人移居德兰士瓦和纳塔尔。14～15世纪，班图人已在高原地区建立了比较稳定的农业居民区，其中一部分继续向东南沿海移居。1652年，荷兰东印度公司占领开普半岛。1657年，荷兰首批移民侵占科伊人（霍屯督人）土地。之后逐步扩张至桑人（布须曼人）和班图族居住的地带。1795年和1806年，英国两度占领开普殖民地，1814年至1815年的维也纳和会上，英国以600万英镑的价格从荷兰手中购买了好望角地区，开始对其加以统治。好望角地区又称作开普（Cape）。初期英国把开普作为海军基地，1820年开始移民。19世纪30年代，为满足英国工业革命对原毛日益增长的需求，东开普引入了产毛羊。开普殖民地的羊毛业蓬勃发展，东开普的伊丽莎白港（Port Elizabeth）成为繁荣的羊毛贸易中心。贸易发展与资金需求相伴相生，羊毛贸易产生了对银行服务的需求。

19世纪初的南非格局

为了便于理解本章以及后续章节的有关内容,在此赘述一下相关的历史背景。

1498 年,葡萄牙人瓦斯科·达·伽马(Vasco da Gama)绕过好望角 (Cape of Good Hope),打开了欧洲直通印度和中国的新航道。然而这条以好望角为中心的新航道并没有迅速热火起来,那里有着令水手胆战心惊的西风带风暴,葡萄牙人更多地绕过好望角去往非洲东南沿海的莫桑比克港来补给。

1602 年,随着荷兰逐渐成为海上新霸主,荷兰东印度公司(Dutch East India Company)成立,并成为 17 世纪欧洲最大的垄断海外贸易的公司。东印度公司将目光集中到了好望角航线,经过的荷兰船只逐渐增多,不断地通过好望角航线将胡椒、香料、纺织品、茶叶、咖啡等运往欧洲,好望角港口作为中继站的地位急速提高。东印度公司于 1652 年在这个"角"(荷兰语 Kaap,英语 Cape,音译为"开普")建立补给站,并找来一批职员在开普半岛开办农场,种植新鲜水果和蔬菜。后来由于公司制的农场经营效果不好,这些雇员及其家属便以"自由市民"的身份经营园圃和牧场,产品由公司收购后出售给商船。随着经过开普港口的商船不断增加,对食物特别是肉类的需求急剧上升,荷兰人开始向开普移民,并以畜牧为主的移民农场主(此后逐渐被称为布尔人,荷兰语为 Boer)为主力,加快了在内陆的土地扩张的速度,使用奴隶或者雇佣本地人为劳役,开普于 1657 年发展成为荷兰东印度公司管理的殖民地。

然而荷兰东印度公司并没有一直存续下去。18 世纪末的英国逐渐崛起,并发展成为日不落帝国。英国因此于 1795 年进军开普,赶走荷兰东印度公司,并在 1814 年的维也纳会议上迫使荷兰政府正式将开普殖民地移交给英国。由于工业革命的技术改进,英国军舰和远洋商船从风帆改为蒸汽动力,可以克服好望角附近海面的风暴,并且南非还盛产煤炭,使得开普殖民地在大英帝国系统中的地位更显重要。同时,工业革命还带动了纺织业的迅猛发展,开普的畜牧业在不断满足来往商船的肉类需求之外,开始将重点转向生产羊毛。

开普殖民地大量的布尔人并没有随着荷兰东印度公司的消失而跟着离开,英国人深感在开普殖民地白人社会中身单力薄,缺乏力量基础,难以抗衡布尔人社会。英国政府亟须一支效忠英国的白人力量,于是在 19 世纪 20~60 年代陆续迁入大量英国移民。这些英国移民大部分后来都迁入城市居住,如开普、伊丽莎白港、东伦敦等，成为沿海港口城市里白人社会的主流。也有部分英国移民进入乡村，和布尔人一样成为经营粗放牧业的农场主，并不断向内陆扩张土地，使得肉类和羊毛成为1867年南非发现钻石前的主要出口产品。

然而布尔人并不能和英国政府融为一体，特别是英国议会在1833年通过释奴法令，让布尔农场主面临严峻的劳动力短缺形势，迫使布尔人开始向东部和北部进行大迁徙。东部是富饶的纳塔尔沿海地区，布尔人首先迁入这里，与当地的祖鲁人作战并成功占领这一地区，并于1840年成立"纳塔利亚共和国"（Natalia Republic）。然而，随着贸易船只的不断增加，一部分船只开始停靠纳塔尔海岸（即后来的"德班"），布尔人占领这里将对英国的海上贸易霸权带来威胁。英国因此于1842年派兵进入纳塔尔，并击溃布尔人军队，于次年成立纳塔尔殖民地（Natal Colony）。

大部分布尔人仍旧不愿意重新接受英国统治，陆续拖家带口离开纳塔尔，向西北迁徙进入高原地带，并最终在高原地区成立德兰士瓦共和国（Republic of Transvaal）和奥兰治自由邦(Orange Free State)。英国人考虑到当时的高原地区接近荒芜，且远离海岸，成立殖民地的行政成本过高，因此，英国政府同布尔人进行谈判，分别于1852年和1854年签订了《桑德河协定》（Sand River Convention）和《布隆方丹协定》（Bloemfontein Convention），承认两个布尔共和国的地位。但由于两个布尔共和国没有出海口，因此极度依赖于开普殖民地和纳塔尔殖民地来出口他们的羊毛等产品，英国的两个殖民地也因此征收关税和获取贸易价差而获利颇丰。

开普殖民地的第一家商业银行诞生于1837年，随后小型银行在殖民地陆续出现，但这些银行大都缺乏资本，而且在单一的羊毛产品经济下没有足够的准备金承受该产业可能出现的任何长期低迷情形。伊丽莎白港与东开普快速增长的商业为设立一家新银行机构创造了条件。1857年6月5日，一群富有的商人在伊丽莎白港召开了一次大会，商议成立一家新银行，以满足羊毛贸易对资金的需求。

募集资金

1857年6月5日的会议组建了筹建新银行的临时委员会，成员包括伊丽莎白港的一些显要人士，其中大部分是与英国伦敦有密切往来的富商。临时委员会很快就起草了一份计划书草案，内容为"拟在伊丽莎白港成立一家存取款业务新银行，拟命名为伊丽莎白港标准银行（Standard Bank of Port Elizabeth）"，计划将250 000英镑的资本分为10 000股，每股25英镑，每股实缴12英镑10先令，总共实缴资本125 000英镑。当地报纸高度评价此事，认为新银行的设立是满足贸易增长需求、提升伊丽莎白港地位的必要举措，能满足本地随之而来的更大资金与设施需求，弥补现有两家本地银行资金供给能力的不足。在新银行的招股说明书发出一周之后，发起人宣称招股的情况良好。股份认购人来自东开普的各个地区，甚至出现了东开普之外的认购人。尽管开局良好，但当地资金并不能提供所需的全部资本，这一计划被迫搁置了。在此之后的18个月都没有关于该新银行设立进展的任何描述。

1859年3月22日，临时委员会再次召开会议，决定不再延迟该计划，而是采取强有力的措施以吸引海外投资者的兴趣。四个月之后，作为该计划发起人的约翰·佩特森

（John Paterson）先生，代表临时委员会乘船前往伦敦，以期筹集足额的资本金。佩特森先生在伦敦活动的第一个成果体现在1860年4月披露的招股说明书上，上面记载着"英属南非标准银行"（Standard Bank of British South Africa）预计筹集1 500 000英镑的资本。虽然现在无法找到招股说明书的保存本，但是当时对此事的报道中记载了招股说明书的内容包括：拟设立银行的营业范围是正当的银行业务，并不会对从英国向殖民地的货物托运提供贷款。①

约翰·佩特森于1822年3月出生于苏格兰，年仅6岁时父亲去世，年幼的他10岁就被送到阿伯丁文法学校（Aberdeen Grammar School），他在那里获得了去阿伯丁的马里施哈尔学院（College of Marischal）的大学奖学金，1840年获得了文学硕士学位。

刚毕业的约翰·佩特森受到开普殖民地教育总监詹姆士·罗斯·宜恩斯（James Rose Innes）教授访问阿伯丁时招聘有前途的年轻教师的启发，他作为一名政府高中教师决定前往开普，并于1841年1月起航前往桌湾（Table Bay）。

约翰·佩特森在开普参加了宜恩斯举办的一场针对新教师的等级考试之后，于1841年7月被分配到伊丽莎白港开办自由政府高级学校（Senior Free Government School）。他办学六年半后辞职，成为至今仍在蓬勃发展的《东开普先驱报》（*Eastern*

约翰·佩特森
（John Paterson）

---

① 《好望角商业广告报》（1860年6月16日）转引5月5日一篇伦敦报道。伦敦南非银行在开业之前也做了类似的发言。这些言论提及向殖民地提供货物运输的资金，可能是由于人们认为，在殖民地内部直接提供资金的方式更优，或者可能是基于进口货物更容易获得信贷的猜测。

Province Herald）的老板、出版人和编辑。佩特森积极支持当地政府，并深入参与了当地的政治。此外，他对商业总是保持着开放的态度，其涉足的商业领域很广，涵盖印刷、零售进口、船舶食品供应、银行和保险、采矿和房地产开发等。

约翰·佩特森于 1854 年开始从政，被选为伊丽莎白港在开普殖民地的第一届议会代表，并成为开普立法委员会的成员。当时报纸上有一篇关于他的报道说："他具有苏格兰血统，他的演讲表明他不久就离开了这块盛有金银宝藏的土地。他是个不屈不挠的演讲者，从不错过在众议院发表演讲的机会，当他还能够再想起一个词时他绝不会坐下。对他而言，被要求发言并不是问题，但他想知道他多长时间该发言一次。三项修正对他来说恰是给他增加了在众议院三次额外发言的机会。"

1858 年，由于妻子去世，约翰·佩特森辞去了职务，去实现建立一家新银行机构的目标。在成功筹集到资金后，约翰·佩特森于 1863 年 3 月返回伊丽莎白港，当时标准银行已开始营业。他成为标准银行第一任董事会主席。任职两年后，因为其拥有的佩特森和肯普公司（Paterson，Kemp and Co.）处于破产的边缘并且欠标准银行一大笔钱，佩特森被迫辞职。

1872 年，《责任政府法案》（*Responsible Government Act*）在开普通过后，约翰·佩特森重返政坛，并成为卡尔纳翁（Carnarvon）勋爵提出的颇受争议的南非联邦计划的坚定支持者。他被广泛认为是开普议会中最有能力的演讲者和辩论者，如果他当时不是在遥远的伦敦，可能会在 1878 年继约翰·查尔斯·莫尔特诺（JC Molteno）之后成为总理。

约翰·佩特森结过两次婚，至少有 13 个孩子，从 1863 年起直到他去世，他一直往返于伊丽莎白港和伦敦之间，其间还经常出差到开普敦开展政治事务。1880 年，他乘坐"美国人"号轮船从伦敦启航，但是轮船在帕尔马斯附近沉没。他被救出后，又乘坐"塞内加尔号"轮船回英格兰，不幸的是，这只船也失事了。在他试图放下救生艇时，不慎落入水中溺亡。

从1859年3月临时委员会会议召开至伦敦招股说明书披露的这期间，拟设立的这家新银行的性质也发生了一些变化，不再是一家只专注于吸引本地资本的本地银行，而是一家致力于吸收海外资本的全国性金融机构。从新银行的名称由"伊丽莎白港标准银行"变更为"英属南非标准银行"，可以窥知银行的业务范围不再局限于开普殖民地。据悉，这一变更是因为其他利益集团决定支持设立另一家银行——"伦敦和南非银行"（London and South African Bank），并在其他殖民地开展业务。在此前的几个月，就曾有报道指出佩特森先生正在推进一家名为"开普和纳塔尔银行"（Cape and Natal Bank）的设立。

在新银行诞生过程中另一件重要的事情是，招股说明书的内容遵守了1860年3月20日开普殖民地最高法院在迪亚森·鲁斯文（Dyason Ruthven）一案中的判决要求，将开普殖民地的最高利率限定为6%，这一利率也成为殖民地普遍接受的标准，对利率的限制降低了海外投资者的参与热情。两年多后，最终版本的招股说明书得以公布，新银行才最终设立，但是对这一期间的记载再一次出现了断档。对这一期间设立延迟的可能解释之一是，与1860年6月"伦敦和南非银行"的招股说明书有关，该银行出资者与西开普的联系更为紧密（新银行与东开普的联系更为紧密）。另外，也有关于设立第三家银行的传言，《好望角商业广告报》（*Cape Mercantile Advertiser*）1860年6月18日的报道称，将以开普特许银行（Cape Colony Chartered Bank）的名义组建一家银行，该银行主要是由罗伯特·塞西尔（Robert Cecil）勋爵和F. 科里森（F. Collison）先生建立，但关于这一点，没有更多的消息。筹集资金的银行数量越多，竞争就会越激烈，从而增加了新银行成功募集法定资本的难度。

有限责任

导致新银行设立延迟的另外一个重要原因是对有限责任制度的质疑。当时，"有限责任公司"的做法还相对少见，特别是在银行业，将有限责任公司扩展至银行这一举措是否明智引起了媒体广泛的讨论。《银行家》（*The Banker*）杂志在一篇名为"银行业狂热"的文章中写道："如果将如此高压施于银行运营，结局必然是一场危机，不仅会牺牲有限责任公司的原则，而且会严重损害董事、股东等的利益。"在一些媒体质疑设立这家新银行必要性的同时，另一些媒体则对新银行给予了积极评论："它（标准银行）将在伦敦和南非银行之外提供更多的服务，且其董事人员经验丰富，与殖民地的关系也令人满意，没有理由认为标准银行的成立将不如其他近期开业的银行一样充满生机并取得成功。标准银行、伦敦和南非银行极有可能最终吸收兼并开普、伊丽莎白港和纳塔尔的一些小型银行，因此在一定程度上使殖民地的金融交易更加集中。好望角将有利于引进银行业资本，这些资本在正确的运营管理下回报也必定十分可观。但是，在开普或纳塔尔采取其他方案之前——据悉其他项目在考虑之中——需要对现有的情况进行评估，以明确殖民地可以承受进一步竞争的程度。"

伦敦和南非银行的成立可能还加剧了上述争论，当时该银行正开展获得皇家特许状的准备工作，该特许状可以确保公司在破产清算时，将股东承担风险的范围限定在不超过其持股金额两倍的范围内。对"有限责任"不信任的情绪并非仅仅是区域性现象，存款人和票据持有人普遍固执地认为其受到的保护减少了。三十年之后，吉尔伯特（Gilbert）和苏立文（Sullivan）在《乌托邦有限公司》（*Utopia Limited*）一书中讽刺该制度："七八个有可能都还是贵族或勋爵的人合伙成立一个组织，在设立之初便公开声明他们要承担的债务规模，他们把这个称之为出资额。"事实上，将有限责任制度扩张适用于银行并未产生不良影响。

无法得知当初约翰·佩特森先生对这些反对意见的看法。1860年6月，有媒体报道某一家伦敦银行竭尽所能想要获得特许状，但是却让伦敦和南非银行捷足先登。当时所指的伦敦银行可能就是标准银行。除此之外，还存在对这一匿名银行的其他传闻。例如，有报道指出，开普的总督乔治·格雷（George Gray）先生曾试图发挥其影响力为一家新银行获得特许状。但这不可能指向标准银行，因为约翰·佩特森先生的政治立场很难令其获得总督的支持。造成拖延的另外一个小原因可能是，约翰·佩特森先生也参与了伦敦和利物浦联合银行（Alliance Bank of London and Liverpool Ltd.）的建立，该银行于1862年建成，比标准银行早几个月开业。

伦敦和南非银行

伦敦和南非银行（London and South African Bank）成立于1861年，比标准银行早一年成立，也因此有机会在其竞争对手站稳脚跟之前赢得有利地位。这两家银行都是由殖民地杰出的商人出资成立；早期，两家银行在资本实力方面基本上势均力敌；两家银行的总部都位于伦敦；一家银行根据皇家特许成立，另一家银行则是有限责任公司；两家银行在南非当地都设有"本地董事会"或委员会，但是很快伦敦总部都对其持不赞成的态度，或者被解散，或者濒临解散。这两家银行在其他方面有较大的区别。

当 1864 年至 1865 年殖民地爆发危机时，伦敦和南非银行位于伦敦的经理被派往开普，享有全权负责的权限，采取了迅速关闭乡村分支机构的措施，这在当时引发了新闻媒体的强烈批评。这一举措严重削弱了银行的沿海地区业务，因为乡村分支机构是这些业务的提供者。最终，伦敦和南非银行仅在如下地点保留了分支机构：开普敦、伊丽莎白港、格雷厄姆斯顿和德班。

1871 年 1 月，伦敦和南非银行的董事们决定禁止钻石预付款业务。一个月后，显然由于新的要求已经传达到位，他们指示"禁止给钻石或寄售货物提供预付款……这一决定被视为具有最终效力"。董事们还补充要求"这一问题不得要求再次审议"。这一政策不仅将伦敦和南非银行排除在当时以及之后若干年成为盈利来源的业务之外，而且由于殖民地许多受尊敬的公司直接或间接地对钻石业务感兴趣，估计这一政策使伦敦和南非银行与一些优质客户之间的关系变得疏远。另外，值得关注的是，该银行章程的一个条款也阻碍了其在金伯利的实际开业，直到这一区域被宣称为英国领地。

由于伦敦和南非银行的英国董事们做出的各种指示的局限性，开普的经理实际上是"戴着手铐工作"。当开普的萧条退去，稳定的日常贸易随之而来，伦敦的董事会不愿意考虑情况的变化。伦敦和南非银行的伦敦董事会的过度谨慎阻碍了其扩张，而标准银行的体制机制更加灵活，来自伦敦的业务限制使银行的许多客户转移至标准银行。1873 年，伦敦和南非银行的董事会显然意识到了其政策的影响，限制性的规章制度得以放宽松。但是，此时的标准银行已经将开普的优质业务揽入怀中。由于急于在许可的回旋空间内恢复其地位，伦敦和南非银行的代表处当时遭受了沉重的损失，尤其是在伊丽莎白港，以至于清算不可避免。

标准银行的董事们不止一次向伦敦竞争对手的董事会示好，但是伦敦和南非银行为了维护自尊，对标准银行的示好没有以礼相待，直到被情势所迫不得不改变态度。伦敦和南非银行当时甚至努力尝试了改组。1877 年 3 月在伦敦召开的股东大会上，董事们固执地反对与另一家银行合并，股东大会决议以南非和伦敦银行有限公司的形式改组。但是，对于这一提议，许多股东尤其是伊丽莎白港的股东们表示反对，最终伦敦和南非银行在 1877 年 6 月与标准银行达成一致。标准银行收购伦敦和南非银行的全部资产，并用新发行的 10 000 股股票进行支付。

终于诞生

在筹备期间，主要由于募集资金遭遇的困难以及有限责任制度受到的质疑，设立新银行的计划在某些阶段几乎趋于流产。1860年9月，伊丽莎白港的一篇新闻报道评论认为，新银行在开普获得成功的机会渺茫；并且，由于现有的两个银行机构都在增加其资本，今后一段时间内，公众对资金的需求应该可以得到满足。开普的另一份报告甚至认为，拟设立的新银行在目前情况下已意味着失败。在这一期间，设立新银行的计划似乎被搁浅了，在整个1861年和1862年的大部分时间里，它从公众的视野中消失。

所有这些顺势和逆境的最终结果是，再次出现的新银行是英属南非标准银行有限公司（以下简称标准银行），在1862年10月13日签署了银行章程。标准银行是根据《1862年公司法》注册的首批公司之一，初始注册资本为100万英镑，即10 000股，每股面值100英镑，并有权增加至200万英镑。招股说明书规定首次发行5 000股股票（或总股本的一半），实缴25英镑。在标准银行设立之后，英国和开普殖民地的媒体积极予以响应。

> **《1862年公司法》**
>
> 该法案被看作现代公司的出生证。在此前的几个世纪里，公司一直是执行国家政策的工具，成立公司是少数人的特权。《1862年公司法》颁布之后，公司只是以营利为目的的市场组织，设立公司是每个公民都享有的权利。

英国媒体评论

1862 年 10 月 15 日，《伦敦标准晚报》报道："毋庸置疑，好望角为银行运营提供了良好的竞技场。伦敦和南非银行的成功表明，组织有序地设立银行将吸引大量业务，并获得好评。当地的银行虽然拥有广泛的关系网，但是不能提供相应比例的服务，因此这两个机构（英国南非标准银行及伦敦和南非银行）的前景良好。南非殖民地的贸易及其稳步增长确保了董事们认定他们的项目将得到大量支持。开普、伊丽莎白港和纳塔尔等地原先成立的那些银行的股票价格，必然会证明它们进行了令人满意的投资。如果需要，对设立现有银行进行授权，开办费用将

伦敦的营业场所

会严格限制在实际安排部署的事务上。据悉，标准银行首次发行 5 000 股股票，其中大约 3 500 股已经获得认购，而且大量有价值的商业账户已经做出承诺。"

10 月 18 日，《货币市场评论》刊登评论："本周重要的新投资仅有标准银行。标准银行的注册资本设定为 100 万英镑，即共 10 000 股，每股面值100 英镑，并有权增加至 200 万英镑。但是，首次发行仅有 5 000 股。英国王室的殖民地之中，几乎没有比南非更加具有令人满意的繁荣昌盛景象。诸多细节表明，这片土地为资本和企业带来的利润时时呈现在《货币市场评论》的读者面前。在殖民地，优质票据的贴现率为 8%~12%。而当地银行在贴现率方面从 12%~22% 的年率不等。当地记者不仅证实了上述情况，而且还对本地资本没有更加自由地流向充满生机的殖民地感到惊讶。"

《经济学人》在同一天也对标准银行评论如下："英国南非标准银行有限责任公司的成立，旨在在南非殖民地开展各类银行业务。南非殖民地的商业发展迅速，而银行服务据称不足。毫无疑问，现有银行的利润颇丰。"

开普媒体评论

1862年10月21日，《开普卫报》报道："一个被称为'标准银行'的银行由一家伦敦公司设立，其发展空间巨大。像伦敦和南非银行的股东一样，标准银行的股东们将获得丰厚的股利。"

12月13日，《开普卫报》报道："我们将有另外一家银行，约翰·佩特森先生的'标准'被高高举起。标准银行的初始注册资本为100万英镑。其职员、出纳员、经理将很快抵达……资金从四面八方涌来，额外增加的100万英镑就像是一颗'铆钉'。"

12月15日，《东开普先驱报》报道："注册资本为100万英镑的标准银行宣告成立了。我们现在的银行业蓬勃发展。毋庸置疑，标准银行在其影响广泛、务实的董事会带领下将拥有同样的繁荣前景。同时，殖民地将大大受益于增加银行资本金的提议。"

12月23日，《东开普先驱报》报道：上一艘来自英国的邮船带来的最重要的消息可能是标准银行的成立。标准银行将对殖民地的贸易产生非常重要的影响。对东开普来说，标准银行的成功经营带来的附加益处将比最初预计的要更多、更广。因此，殖民地将比以往更负盛名，世人也将更加熟悉其贸易情况。事实上，我们与旧世界的富人们有更加密切、直接的接触。他们将很快发现南非殖民地已经为合法贸易——尤其是为过剩资本在确保安全的同时获取利润——提供了良好的环境……标准银行已成为确凿的事实，其设立及成功的首秀归功于我们的朋友、老相识同乡约翰·佩特森，他是伊丽莎白港引以为傲的睿智、机敏的苏格兰人之一……佩特森的名字已经与许多公共机构联系在一起。他对这个城市享有的地位及取得的成就功不可没。

从1857年6月成立临时委员会，在约翰·佩特森的引领下，标准银行的诞生经历了热情与支持、质疑与延迟，最终呱呱坠地。标准银行的梦想，从1862年10月13日这一天开始，从开普殖民地伊丽莎白港启程，正式扬帆启航，破浪前行！

第二节 区域性银行初具规模

标准银行1862年底成立，第一个办事处和总办事处设在当时开普殖民地的主要港口——伊丽莎白港，并在1863年1月在伊丽莎白港商业银行（Commercial Bank of Port Elizabeth）的临时办公场所开始营业。当时居住在伦敦的佩特森先生负责银行的启动工作，是银行的第一任董事会主席。在完成伦敦的准备工作之后，他在1863年2月5日带着伦敦董事会的授权启程前往开普殖民地，推进尽快在南非范围内广泛设立分支机构的扩张政策，收购当地小型商业银行成为扩张的又一策略。

快速审慎拓展

标准银行的首次收购对象，是当地的一家小型银行——伊丽莎白港商业银行。当时的商人们认为两家银行机构的合并符合双方及公众的最大利益，并且将发展成为更加庞大、更具赢利能力的机构。董事会主席佩特森先生抵达开普时，伊丽莎白港的当地董事们已经做了大量的初步工作。在抵达开普后不久，他就向伦敦报告说，标准银行在获得公众信任和支持方面正取得迅速进展。与伊丽莎白港商业银行的并购早已安排妥当，只需在1863年2月召开的会议上获得股东确认即可通过。两家银行同意，每4股标准银行的股票（每股实缴资本25英镑）换取9股伊丽莎白港商业银行的股票（当日股票市场价格为每股11英镑2先令3便士），由于标准银行的股票存在大幅溢价，本次交易中伊丽莎白港商业银行的股票相当于每股享有12英镑8先令11便士的收益。

从一开始，并购就是一项精心计划并向外界公开的政策，标准银行公开向本地银行发出并购邀约。并购的交易条件是按现价交换股票，这一方案似乎对诸多地方银行具有吸引力，在很短的时间内，标准银行与科尔斯伯格银行（Colesberg Bank）、英国卡法利亚银行（British Kaffraria Bank）、福尔史密斯银行（Fauresmith Bank）、克拉多克联合银行（Cradock Union Bank）、格拉夫—里内特中部银行（Central Bank at Graaff-Reinet）以及纳塔尔商业与农业银行（Commercial and Agriculturl Bank of Natal）展开了谈判。虽然与最后三家银行的谈判破裂，但是其他银行最后都被标准银行合并。

1863年8月19日，伊丽莎白港商业银行是第一家被并购的当地中小银行。

由佩特森先生邀请，下列人士在开普敦成立了地方董事会（Local Board）：W. J. 安德森（W. J. Anderson）、詹姆士·穆里森（James Murison）、威廉·博格（William Berg）、约翰·夏帕德（John Shepherd）、G. S. 赫尔姆斯（G. S. Holmes）、约翰·斯彭思（John Spence）、托马斯·琼斯（Thomas Jones）。这

第一届董事会成员

董事会主席：
约翰·佩特森（John Paterson）

董事会副主席：
托马斯·斯单豪斯（Thomas Stenhouse）

董事会成员：
詹姆士·布莱克（James Black）

亚历山大·克罗尔（Alexander Croll）

威廉·杜迪（William Duthie）

约翰·托兰斯（John Torrance）

S. 伯罗顿·艾顿波若（S. Boloton Edenborough）

爱德华德·韦斯顿（Edward Weston）

阿尔福特·查韦斯（Alfred Jarivs）

罗伯特·怀特（Robert White）

些董事的任期为两年，负责管理开普敦分行及西开普敦的其他分支机构。标准银行董事会主席制定的地方董事会指南中载明，标准银行的目标是成为一家地区性的银行，在主要大型城市设立分支机构。当时，划拨给开普敦分行使用的资本金是 10 万英镑，承租了凯恩克罗斯（Cairncross）先生位于阿德利大街（Adderley Street）的住所作为经营场所，租期 10 年，乔治·M. 莫尔（George M. More）先生担任经理，法尔布里支（Fairbridge）先生和哈尔（Hull）先生担任律师和公证人。在西开普，地方董事会与惠灵顿银行（Wellington Bank）、伍斯特商业银行（Worcester Commercial Bank）、卡利登银行（Caledon Bank）、斯韦伦丹银行（Swellendam Bank）以及西博福特银行（Beaufort West Bank）建立了联系。虽然在这一阶段只兼并了最后一家银行，但最终其他银行也都加入到了标准银行的麾下。

标准银行的扩展政策进展顺利。除了并购之外，分支机构的设立也在同步进行。截至1864年底，在伊丽莎白港之外，标准银行有19家分支机构：东开普8家、西开普5家、奥兰治自由邦3家、纳塔尔2家、英属卡弗拉里亚1家。事实上，当时伦敦董事会认为，扩展与兼并的速度已经远超标准银行的发展需要，在现有分支机构进入良好运行之前，不能设立新的分支机构。1865年初，标准银行考虑将其业务扩大到境外，考虑在毛里求斯开设分支机构的可行性，因为毛里求斯当时是南非与印度或远东之间的重要贸易联系。这将涉及成立一个独立的公司，尽管佩特森先生本人对毛里求斯也有兴趣，积极推进通过合并或其他方式进行扩展的政策，但仍然能够保持谨慎，最终没有进一步实施。

随着银行扩展政策的推进，需要持续募集资金。标准银行股票的名义资本是每股100英镑，其中75英镑作为待缴资本，只有在清算时才需要实际缴纳。银行成立时股票发行总额为5 000股，但认购情况远远超过该数额，股票在配售前就以溢价换手。不久之后，标准银行决定向原股东发行5 000

股，这一决定是基于股东决定将名义资本从100万英镑增加到200万英镑而做出的。1864年，银行的名义资本又增加至300万英镑，到该年年底，实缴资本达到近50万英镑。

并购带来的问题

并购地方银行机构的政策在一定程度上是为了平衡小型银行的嫉妒心理，这些小型银行面临一个新的巨大竞争对手，那些曾属于它们的领地正逐渐被吞食。并购的益处是，在消除一个竞争对手的同时，又保留了合作机会和客户资源。但是并购的作用也是有限的，它并不能完全消除本地金融机构的嫉妒情绪，特别是当标准银行采用统一的管理控制体系、改变这些银行效率低下的做法时，并购带来的内部问题就显现出来。对曾经专业化程度较低的诸多分支机构，特别是对偏远地区、交通不便地区的分支机构工作人员而言，专业程度较低，因此在推行严格统一的会计制度和程序体系的过程中面临极大的挑战。例如，伊丽莎白港的一笔名为"其他贷款"（Advances on Sundry Accounts）的业务中，就隐藏着分行经理借给自己的一笔1 000英镑的贷款。据银行督察员称，1866年的格拉罕镇（Grahamstown）分行的现金似乎没有"特定的人员"保管，

> **授权资本制**
>
> 授权资本制，是指公司设立时，虽然要在公司章程中明确规定注册资本总额，但发起人只需认购部分股份，公司即可正式成立，其余的股份，授权董事会根据公司生产经营情况和证券市场行情再行发行。

而是通过以一种滚动赤字账户（running deficiency account）的方式进行结算。银行督察员被告知，自该分行设立以来此类账户余额逐渐增加，分行经理因此形成一种"所有金融机构都不可避免地存在这种赤字"的印象。

并购带来的另一个严重的问题是，这些分支机构倾向以独立的实体进行运营，并尽可能获取盈利，这就导致相互竞争不可避免。这个问题的根源在于这些分支机构的前身（本地银行）享有自主权，而且在并购后仍然由原来的人员继续负责运营管理。这就导致原有的运营管理体系无法改变。比如伊丽莎白港办公室认为好望角银行（Cape of Good Hope Bank）的费用较低，而放弃选择标准银行自己的分支机构去融资；威廉王城（King William's Town）分行抱怨，开普敦总部继续对其透支业务征收高利率将会使其在与当地竞争者的竞争中无法推进业务。

改善这种状况最有效的方式是强化团队精神，但这对于广泛分布在很远距离之外且互相孤立的银行职员来说不是一件容易实现的事情。为了解决这些问题，伦敦董事会于1864年底聘任罗伯特·斯图尔特（Robert Stewart）担任标准银行的第一任总经理，并授予其极大的权力"去推进银行繁荣发展所必需的行动协调和统一"。当地的管理人员对斯图尔特先生的任命感到沮丧，他们有充分的理由认为他们的行动自由即将受到限制。斯图尔特先生在1865年初抵达伊丽莎白港后，就积极投入工作，解散了大多数"地方董事会"，淘汰了效率低下的工作人员，最重要的是设立了一个分行督察体系，这是南非银行业一直延续至今的一项创新。新任总经理还不得不采取限制贷款的政策，但这个政策不仅难以执行，而且不受客户欢迎。就连佩特森先生也感受到了这一政策的影响：他拥有的公司遇到了财政困难，当斯图尔特先生拒绝给他提供贷款时，该公司被迫进行破产清算。

罗伯特·斯图尔特出生于 1830 年，在 1834 年的霍乱疫情中失去了双亲。他由一位叔叔抚养长大，毕业后在苏格兰和英格兰从事银行业务。斯图尔特从威尔士来到南非，1865 年初出任标准银行第一任总经理，在回到伦敦前的 11 年中，他一直担任这一职务，表现优异。作为伦敦的总经理，他负责建立了标准银行的养老和孤寡抚恤金基金（Pension and Widows and Orphans Fund）。1885 年，斯图尔特 55 岁时在工作中逝世。

罗伯特·斯图尔特
（Robert Stewart）

斯图尔特带领标准银行避开早期的灾难。他为银行制定了新的规则，监控可疑账户，强制集中清算，并首次将不同的员工凝聚在一起。正如标准银行前五十年的另一位伟大人物路易斯·米歇尔（Lewis Michell）所写的那样，"标准银行的基础是如此之牢固，而这正是罗伯特·斯图尔特精心奠定的，他的继任者只需跟随他的脚步"。

斯图尔特抓住机会，冒险进入钻石矿区开展业务，极大地拓展了标准银行的业务，当他交出控制权时，标准银行已经轻而易举地成为该地区的主要银行。如果没有斯图尔特的坚定决心和引领，以及董事会授予他最广泛权力的良好判断力，标准银行不可能长久生存下来。正如先前的历史学家所强调的那样，标准银行今天的存在要归功于罗伯特·斯图尔特。

银行券

标准银行在这一时期的另一困难与银行券的支付有关。最初的银行章程规定，银行券可以在签发地或者主要办事机构所在地(例如伊丽莎白港)兑付。该政策在执行了很短时间之后，银行就发现与只在签发地兑付不同，两地兑付的方式极大地增加了对现金储备量的要求。1863年底，银行对该条款进行了修改，修改后的条款改变了原有的强制兑付规定，如果银行券是从其他地方签发，则该银行券的兑付须经殖民地主要办事机构所在地银行的许可。通过这种方式，标准银行解决了困扰其竞争对手多年的难题——囿于银行特许状的限制，伦敦和南非银行不能进行此类修改。从标准银行的角度来看，这一限制是相当必要的，但是这种做法也引发了民怨——商人们认为银行券应在签发行的任何网点均可兑付，因为这意味着可以使汇款在全国范围内变得简单和经济，而当时通行的做法是对在银行券签发地以外的地方兑付收取手续费。本地银行通常只有一个办事机构，因此不存在类似的问题。标准银行广泛分布的分支机构有利于扩大其银行券的流通性，正如英国银行界的权威人士基尔巴特（Gilbart）先生所指出的，这是银行利润非常重要的来源，同时也受到了竞争对手的嫉妒。

1865年，一项法案被递交至开普立法委员会，该法案要求银行券在其签发行的任意分支机构都可以自由兑付；或者至少在签发行的主要办事机构以及签发地可以自由兑付。法案最后未获得通过，其主要原因是在不同机构间维持重复数额的现金储备很可能使银行券签发无利可图，这可能最终导致农村地区停止银行券的签发，甚至导致该地区分支机构的关闭。无论上述任何一种情形的发生，都将会造成极大的不便。

奥兰治自由邦

除了开普殖民地，标准银行有意跨越国家的界限，奥兰治自由邦（Orange Free State，以下简称自由邦）是标准银行在成立之初拓展业务的地区之一。起初，标准银行在布隆方丹（Bloemfontein）、福尔史密斯（Fauresmith）和史密斯菲尔德（Smithfield）设立了分行。在布隆方丹，此前已经有另外一家银行——布隆方丹银行，自由邦的许多居民在布隆方丹银行拥有股份或存款。在开展业务的过程中，布隆方丹银行大量银行券流入标准银行之手，而布隆方丹银行没有足够的硬币兑付。

无疑，这种状态不能无期限地持续下去，标准银行开始向其施压。此时，布隆方丹银行的董事们想出了一个摆脱竞争对手的新方法——诉诸于政治。当时，布尔人与英国的冲突已经开始显现。布隆方丹银行的董事们向人民议会（Volksraad）请愿，要求禁止标准银行在自由邦开展业务，理由是它是一家"有限责任制"的"外国银行"，其发行的银行券没有充分的保障，获得的利润也会不断输出到国外。人民议会以压倒性多数投票支持布隆方丹银行，1865年底，标准银行在自由邦的分支机构也因此关门停业，这给其客户造成极大不便。自由邦人民议会的决定在开普殖民地引起了极大的愤怒，伊丽莎白商会认为"这些措施在很大程度上会摧毁（开普）殖民地和奥兰治自由邦之间目前存有的信赖和好感"。

尽管标准银行一直与布隆方丹银行保持着亲密的关系，但其能够重返奥兰治自由邦时，已是在35年之后。

硬币

早期的硬币是使用贵金属铸造，又称为"铸币"，是指由国家铸造的具有一定形状、重量、成色和面值的金属货币，主要为金币或者银币。

布隆方丹银行 (Bloemfontein Bank)

这是奥兰治自由邦的布尔人设立的银行，后被奥兰治国民银行（后更名为奥兰治河殖民地国民银行）收购。后者于1910年被南非国民银行收购。

第三节　危机中的搏击

如果说英格兰的财富主要依靠绵羊，那么19世纪中叶的南非也是如此。伊丽莎白港的仓库塞满了羊毛，集市和街道上满载羊毛的牛车比肩接踵，羊毛占据了当时沿海地区的大部分航运。可以毫不夸张地说，开普殖民地当时的整个经济都是在羊背上运行的。在1862年至1869年间，羊毛出口值占了开普港出口贸易总值的73%，其中84%流入了英国，14%流入了美国。因此，羊毛产业的兴衰对经济发展和银行业务产生了巨大的影响。

羊毛产业的积弊

在如此程度上依赖于殖民地无法控制的单一原材料和产业，且受制于一个变幻莫测的远方销售市场，其中的危机显而易见。一个无可争议的事实是，南非羊毛的品质通常较为低劣——"难以整理、分类粗糙、生长不足"。然而英国和美国的羊毛工业快速发展，梳毛技术的改良使得人们越来越喜欢使用"精纺羊毛"而不是"毛织品"，因为精纺羊毛更轻，更容易适应时尚和设计的变化。但是精纺羊毛需要的是长绒纤维，而开普的羊毛是短羊毛。

不仅如此，与南非众多其他商品一样，羊毛市场的营销十分简单且进步缓慢。除了海岸及其附近的地方外，绝大多数剪下的羊毛都是卖给当地店主或通过当地店主销售，他们或因漠不关心，或因不能胜任，仅仅满足于把羊毛分类为"优质美利奴"和"普通"两类。羊毛交易主要以实物形式进行，几乎是易货贸易，因此，在大约三分之二的羊毛交易中，农民们通常没有收到任何现金，更不用说讲明他们的平均销售价格。

此外，那些沿海的进口商常常依赖于其家族或英国私人金融支持者提供的资金，并因此可以为农村的零售店主提供长期的资金支持；零售店主向其顾客提供同样期限的资金，直到实现下一季羊毛产出；这些顾客，亦即农业团体，通常短缺周转资金，有时甚至极度短缺到无法用现金支付他们所需的生活必需品。农村的内部贸易很大程度上依赖于农牧产品与工业制成品的交换，从而也依赖于这样一条不间断的信贷资金链条的维持，即从几个海外金融中心到在这片荒凉土地上的金融链条维持着生活岌岌可危的农民。

美利奴羊毛

美利奴羊毛纺纱性能优良，可纺支数高，手感柔软而有弹性，适宜于制作优良的精纺织物。

美利奴羊最早在 15 ～ 17 世纪育成于西班牙。在各地区不同的自然环境和饲养管理条件下，衍生而形成美利奴羊的各个族系。通过改进饲养技术，西班牙美利奴羊颇能适应南非环境，美利奴羊毛变成为南非南部地区早期的主要出口产品。

经济危机爆发

19世纪60年代早期，各地普遍存在财政困难，羊毛市场已经处于十分敏感的境况。很自然地，首先是劣等羊毛的价格下跌。紧接着的是广泛而突然的价格波动，投机者在这紧要关头对情况做出了彻头彻尾的误判，在相当长的一段时期内，本地羊毛价格维持在低迷的伦敦市场羊毛价格之上。

19世纪60年代早期持续干旱，其破坏性比今天所能想象的要更加严重，农业团体日益深陷农村零售店主的债务中。干旱使农民不得不购买昂贵的进口食品，购买能力严重受损，但沿海商人继续向内地运送大量的货物，这些货物只能堆积成为库存。这种自我破坏的过程之所以成为可能，是因为引入了新的资本，特别是银行资本，信贷为每一个环节注入了润滑剂。然而，困难没有得到解决，而只是搁置一边，逐渐累积。伦敦的金融和出口公司始终不了解这些实际情况。到了危机来临的时候，其破坏力也就更大。

在危机真正爆发之前，标准银行已经非常清楚，市场上存在大量的过度交易，各种原因导致许多贴现的票据也存在很大的问题。即使是开普殖民地最好的房子，以及各种形式的开普票据，也都失去了信誉，结果导致危机很快对标准银行在伦敦的资金造成了非常大的压力。除了资金压力，危机还从另一个角度冲击着标准银行。由于人们对南非的一切普遍缺乏信心，导致银行的股票价格一落千丈。根据一些报道，曾有一段时间，面值100英镑的股票（实缴资本25英镑）报价只有9英镑。

标准银行和整个银行业现在唯一可行的做法是采取限制性的政策，而这种政策必然痛苦难当且不得人心。流动资金头寸必须恢复，在那些没有办法通过再贴现筹集额外资金的非常时刻，流动性就意味着硬通货。标准银行可动用的现金通过其广泛的分支机构系统进行分配，而且必须达到双重目的，既要满足一个地区的货币需要，同时又要作为一个蓄水池，用于满足信贷压力下出现的一般资金用途。分支机构间遥远的距离和落后的交通使这一过程变得困难且昂贵。

危机的主要受害者是全国上下无数的普通百姓。失业现象普遍，在一些城镇里，已经有必要开始采取包括施粥所在内的救济措施。在德班（Durban），民众诉诸武力，焚烧开普总督的肖像，因为人们认为他对处于困境的殖民地居民缺乏同情。

1866年5月，伦敦金融城的奥弗伦—格尼公司（Overend，Gurney & Company）破产事件加剧了这场经济危机，随后发生的其他大型破产事件引起了恐慌情绪，银行利率提高到10%并一直保持到8月中旬。开普羊毛市场不可避免地遭受了高息借款和信心动摇的影响，价格下跌了多达30%。尽管如此，1866年的状况还是比1865年有所改善，羊毛出口增加了250万磅，平均价格为每磅13.75便士，上升了1.5便士。然而，持续的干旱并没有让这一向好形势维持下去，干旱的破坏力在当时的非洲大陆是多么的摧枯拉朽和无孔不入，大面积农作物枯萎，大批羊群死亡，粮食供应和主要出口产品大幅下降，农民收入和周转资金急剧减少。同样残酷的是，干旱阻碍甚至使牛车运输陷入停止，切断了市场和供应来源，进一步增加了人们的生活成本。

奥弗伦—格尼公司 (Overend, Gurney & ompany)

这是英国一家极有名望的股份贴现银行，由于采取激进的政策贴现公司发行的承兑票据，经济形势不景气导致贴现银行手里的抵押物变得一钱不值，银行最终无法获得现金支付，导致违约而破产，由此引发了严重的信任危机。

羊毛价格仍然是经济的"晴雨表"，在三年内其每年平均价格持续下降至每磅13便士、12便士……并于1869年下降至10.25便士。剧烈波动的价格加上变幻莫测的气候使得商家很难估计他们所购买产品的利润空间，并且由于各种各样的原因使得每年多达10%的羊毛可能被滞留在内地，从而使所需的信贷期限延长，内地羊毛价格被压低。

逆境中的坚守

在这一时期，罗伯特·斯图尔特也为持续的灾难忧心忡忡。由于毛织品不景气，他无法找到一条减轻负担的途径。无论如何，恢复经济肯定需要一段时间，但是农场主、零售店主和商人都已经到了山穷水尽的地步。农场主们常常拖欠零售店主两三年的供应品，还负担着贷款的利息费用。内地的长期干旱仍在持续，而苏伊士运河即将竣工，人们普遍认为这将威胁到开普作为通往印度和东方的中转地的传统贸易地位。似乎连历史的潮流都转为不利于南非。

标准银行也未能幸免。大量的贷款坏账吞噬了银行利润，标准银行在1865年6月提取了30 000英镑的银行准备金之后，在1865年末又提取了额外的16 000英镑。1865年，标准银行未能派发股息，这在银行历史上是

银行准备金

银行准备金是指银行以库存现金的形式，或在中央银行中以无息存款的形式而保留的一部分存款。

标准银行在成立时即设立了银行准备金账户（Reserve Account），将一部分股票发行溢价和净利润计入准备金账户，以此形成对银行顾客以及存款人的安全保障。银行准备金制度在后来的经济危机中帮助标准银行渡过了难关。

唯——次。1868年6月，半年度结束时公布的资产负债表显示，银行准备金账户已没有任何余额。贷款业务仍然相当稳定，但是呆坏账在1868年底达到了323 000英镑，金额比1865年翻了一番。这不是因为新的贷款出现了坏账，而是因为原有贷款对应的担保物价值严重下降。银行利润因为需要对这种深层次的风险做出充分的准备而减少。

直到1869年底，时局才开始明朗起来，羊毛价格再次上涨，长期的干旱也终于结束。有人说，上帝是公平的，他把贫穷给了非洲，又把大量的矿产和能源埋在了非洲人的脚下。因为"柳暗花明又一村"出现了，新闻界几乎每天都在报道这个振奋人心的救星——钻石。

1870

Standard Bank

第二章
驶入早期发展的快车道

-1895

Standard Bank

第一节　钻石矿区的开拓

　　据说南非发现第一颗金刚钻石的故事是这样的，1867年，一个布尔农场主的孩子在奥兰治河畔的金伯利玩耍时偶然捡到一块晶莹的"石子"。当布尔农场主尼凯克来访时发现了这块"石子"，问是否可以卖给他。孩子的母亲觉得好笑，说这是个玩的东西，拿走吧，不用花钱。尼凯克便把这块"石子"带回欧洲，经过鉴定，证实这块"石子"是一颗钻石。消息传出轰动了世界，南非钻石狂潮从此拉开了序幕。整个国家各行各业都受到了前所未有的震动。各地的人民都开始涌入钻石矿区，几年时间里，这个地区出现了很多充满冒险精神的、固执的、冲动的面孔，"马群拖着马车隆隆北上，日复一日，把整个文明世界的技术、进取心和贪婪，带到钻石矿区"[①]。同时也诞生了一批具有进取精神、具备远见卓识和建设能力的人，不仅使南非称霸钻石产业近百年，而且引领着南非走上工业化以及之后的发展道路。罗伯特·斯图尔特就是其中的佼佼者之一，他第一时间洞悉钻石可能对经济发展产生巨大影响，并着手在钻石矿区设立银行，为钻石产业发展和标准银行开疆拓土作出了卓越的贡献。

---

① 　John Bond: They were South Africans, Andesite Press, 2017.

钻石矿区的第一家银行

在第一颗钻石于1867年被发现后不久，1869年，一个牧羊男孩捡到了一颗亮晶晶的"石子"，本想换顿早餐却屡遭拒绝和嘲讽，后来便抱着试一试的态度找到了一个钻石商。钻石商看到这颗原重83.5克拉的原钻，兴奋不已，便用自己所有的家当，包括一辆篷车、10头牛、500只肥羊，换来了这颗石头。它就是之后驰名天下的"南非之星"。1870年，南非之星被切割开来，其中最大的一颗呈梨形，重达47.75克拉，并以12.5万美元出售（1974年又在日内瓦展出拍卖，被英国一位伯爵以50万美元的高价买走，送给了妻子）。这个消息很快广为流传，人们纷至沓来，涌入瓦尔河（Vaal River）和奥兰治河（Orange River）交汇的地区。钻石矿工的主要营地位于瓦尔河的两岸，分别被称为科里普得利夫特（Klipdrift）和普内尔（P'neil）。该区域在当时不属于英国管辖，普内尔被视为奥兰治自由邦的领地。科里普得利夫特的矿工们成立了一个理事会，并以总统帕克（Parker）之名征收税费，科里普得利夫特有时也因此被称为帕克顿（Parkerton）。

钻石矿的发现恰好发生在干旱即将结束之时，当时有大量游手好闲的人从全国各地乘坐各种交通工具或徒步而行，蜂拥抵达瓦尔河畔，他们中大部分来自非洲南部。除此以外，还有一部分外国人涌入。1871年2月，乔治·坎普号船上举行了一场名为"美国佬的第一次派对"的聚会，船上载有约150名乘客，其中大部分都是在加利福尼亚和澳大利亚金矿有着开采经验的采矿工，船上还运载着为满足钻石矿区市场需求而挑选出来的货物，航行的目的地是伊丽莎白港，在那里"探险者"被告知——"有一段428英里的陆路旅程到钻石矿区。道路平坦，路边旅店林立，水清草肥牛马不愁"[1]。当时，标准银行的一些雇员甚至放弃了

---

[1] 《东开普先驱报》1871年2月21日与1871年2月24日版（引用了波士顿船运单和美国的信函）。

职位，希望到此试试运气找到钻石。

商品和资金跟随寻找发财机会的人来到了瓦尔河。在发现钻石之初，罗伯特·斯图尔特就已经打定了主意，如果继续发现钻石，那么该地肯定会需要一家银行。标准银行收到有关钻石的详尽报告，尽管内容是轰动性的，但斯图尔特认为这些报告没有夸大其词，而且他相信实际找到的钻石数量比耳闻的数量要多得多。他做出这一判断的原因有两个：第一，该片区域内有2 000个采矿工在作业，一旦宣布找到了钻石，柏林传教会就对其普内尔宣教站境内土地上发现的所有钻石收取25%的矿区使用费；第二，找到一块好钻的幸运主，如果对外公布这一消息，就会被一大批新来的矿工包围，这些新来的矿工会瓜分领地。此外，大部分钻石是通过邮递或通过可靠人士送往英国的，这样可以避免高昂的运费，这些钻石将不会出现在官方的统计数据里。官方数字显示，1869年和1870年钻石出口额为178 273英镑，但是据可靠估算，实际产量大约在100万英镑。1871年，官方数据大致是40万英镑（而斯图尔特认为应该是这个数的三倍），1872年则很快上升到了160万英镑。

斯图尔特相信钻石开采未来会持续好几代人，他做出了一个对标准银行有着深远影响的重要决定——在矿区设立第一家银行。当时，标准银行离矿区最近的分支机构在科尔斯伯格（Colesberg），需要4天的路程。由于大量硬币流向钻石矿区，该分行在银行券流通和存款方面已经感受到了来自瓦尔河畔强大的影响力。

1870年10月，钻石矿区第一家银行的筹建工作已经启动。经理G. M. 科尔（G. M. Cole）先生乘坐客运马车途经布隆方丹前往矿区，11月12日抵达科里普得利夫特，该地在位置上处于最正中，可能是未来政府所在地，因此被选定为银行营业地。开业需要的设备已经开始运往矿区，其中包括伊丽莎白港能买到的仅有的两台钻石天平①。与此同时，其他设备还在牛车背上继续着它们五六周的行程。关于开业设备的运输，现存的唯一资料是从普内尔到科里普得利夫特的路途中，途经瓦尔河时发生了一个小意外。银行的保险箱在河流中从船上滑落，落入河里，但让围观的人群感到开心和好笑的是，它竟然浮了起来！保险箱后来被捞了上来，并被安全送到了岸上，安置在了"小木屋"里，这个小木屋也是从沿海运过来的，作为营业之用。

关于银行的营业场所，也是困难重重。前一年的6月，奥兰治自由邦人民议会试图建立21年钻石行业垄断权，引发矿工们成立了他们自己的、自由的"共和国"，并任命斯塔福德·帕克（Stafford Parker）为第一任总统。帕克是个能人，除了多才多艺外，还是个精力充沛的英国皇家海军前海员。"共和国"持续的时间不长，对于解决政治和土地的敌对纷争做了真正意义上的尝试。正是在这位活力四射的帕克"总统"的办公室，标准银行的代表找到了一个临时落脚处。这是第一个，也是很长一段时间内唯一一个在钻石矿区营业的银行。

矿工共和国

科里普得利夫特（Klipdrift）发现钻石之后，奥兰治自由邦和格里夸人（Griqua）均声称对此拥有主权，但后来还是布尔人派驻了政府官员来进行管理。

然而矿工们对自由邦的管理不满，在斯塔福德·帕克（Stafford Parker）的带领下，于1870年7月在科里普得利夫特成立了"矿工共和国"（Diggers Republic），帕克担任总统，科里普得利夫特也改名为帕克顿（Parkerton）。

1871年10月，该地同意接受英国女王的管辖，更名为西格里夸兰殖民地（Griqualand West Colony），后于1880年并入开普殖民地。

---

① 标准银行伦敦办公室要求配备6台天平，但被告知两周内只能买到2台，因为市场供不应求。

困难与机遇并存

"钻石矿区的编年史……满是激动人心的斗争、政治上的敌对和频繁的盗窃故事，偶尔还有胆大包天的未遂抢劫来添油加醋。[①]"一个非正式委员会临时维持着法治体系，他们用铁腕手段粗暴司法。警方尽可能地不介入冲突，公平处理案件，但是由于人员短缺，往往心有余而力不足。当时，有一种说法广为流传，"社会的渣滓都涌来这里，犹太教和异教徒都不例外，推动疯狂的酒精、枪支交易和非法钻石在欧洲的买卖，而这种交易在本地劳工和矿主中更甚"。当然，这种说法含有夸张成分，否则银行业务就不可能开展起来了。标准银行对钻石矿区的担忧，不是担忧无法治，而是源于自身业务。

标准银行面临的第一个问题是现金储备。现金是第一必需品，但是在最初几年，硬币往往很稀缺。交通工具速度缓慢且不稳定，把大量硬币运送到遥远的未开发地区，这已经是相当大的客观困难了，产生的费用更是让人望而生畏。但是，钻石矿区的本地工人刚开始只接受硬币。标准银行的银行券给欧洲人提供了一个可以接受的兑换方式，

瓦尔之王

科里普得利夫特的银行开业后不久，一颗重达56克拉的"瓦尔之王"钻石被委托给标准银行出售，在矿区有人出价6 000英镑购买这颗钻石，但被拒绝了。然而，伦敦商人表示，一年里面像这么大的钻石在伦敦的真实销售不会超过一次。1871年，"瓦尔之王"以2 000英镑的底价，在印度兜了个圈还是没有售出。后来回到了伦敦标价350英镑出售，最终于1873年在巴黎以390英镑售出。

[①] Alexander Wilmot: History of Our Times in South Africa, Palala Press, 2015.

对钻石变现来说很有价值，但是银行券本身体现的是在很短的时间内即期兑付的义务。

面临的第二个问题是对钻石的估值。标准银行意欲承担钻石转手和变现后向矿主支付收益的责任，但这个过程涉及评估和一系列技术细节，很少有人有这方面的经验。即使积累了相应的经验，也颇令人不安。因为缺少可靠的证据证明估值的准确性，银行贷款被控制在本地评估价的10%到15%之间。这个数字看起来比较保守，但是并不尽然。例如，银行对一大块黄色钻石提供3 000英镑贷款，在伦敦却因为其颜色问题，仅卖出1 000英镑。更极端的案例是，1871年3月发现了93克拉的"克兰威廉和维多利亚之星"，它的初步估价是3万到6万英镑之间，但最后因为"成色不佳"在1872年以2 500英镑售出。科里普得利夫特的经理在1871年写道，他担心如果银行拿到的钻石的销售价格一直比本地的评估价格低得多的话，不但银行的财产堪忧，银行员工可能也会处于一定的危险中。

面临的第三个问题是钻石交易市场。钻石在矿区可以获得的价格（不同于纯评估价）持续几年都比它们在国外可以获得的价格高。原因之一是，最好的钻石——就是那些最符合美国和俄国市场口味的钻石，都是

彩钻

彩钻是钻石的一种。通常，钻石呈透明色彩，而彩钻是除透明以外的钻石。主要成因是无色钻石内的微粒起变化而产生的颜色，不同的变化产生不同的颜色，因此颜色越罕有，价值亦愈高，一般都远高于普通的无色钻石。

不过早期人们对此认识不足，认为黄钻等彩钻的价值不高。

被像阿尔弗雷德·拜特（Alfred Beit）一样有着在阿姆斯特丹培训和行业经验的专家当场买走的。这种类型的钻石很少经过标准银行之手，通过开普敦或伊丽莎白港拍卖出的就更少了。拍卖通常是较小规模的，但标准银行伦敦办公室想通过在当地组织公开拍卖，来吸引伦敦市场的注意，这个尝试受到巴西和东方的主要进口商的阻挠。通过中间商把钻石兜售给伦敦的个体经销商这一既定流程不得不继续下去。

当时有个流行的观点，认为开普的钻石总体质地实际上相当低劣。如果含有一丁点黄色——这在开普的钻石中很常见，就会大大折损它的价值。不幸的，也是意料之外的是，大量的大颗粒黄钻被发现，导致它们有时候几乎卖不动。黄钻可能只能达到类似的、成色略不佳的"开普白钻"的一半到不足五分之一的价格[①]。甚至有报道说，40克拉及以上的黄钻被切成6、7颗，拿来给印度王子的马或者土耳其宫殿里的宫女们作装饰品。当对象是较大的钻石时，估值往往特别离谱。要说服找到这个钻石的幸运主，让他相信钻石越大越不容易找到买家，这也不是件容易的事情。大颗钻石的市场差强人意，以至于以超过7、8克拉的钻石为担保向标准银行贷款有时候会遭到拒绝。

另外，南非新货突然涌入市场，其来势难以估测，自然搅得奢侈品市场供应过量，这个市场本身是两头窄的，即产品供应量有限，需求人群几乎完全局限于富豪人群[②]。

面临的第四个问题是钻石运输。由于钻石业务的特点，标准银行也被带入了一些次要的业务领域，这些领域或多或少和其传统业务有所偏离。像短途运输钻石的安全性之类的事情都在银行的关切范围中，而且还从伦

---

① 1873年5月，一份伦敦经纪人通告将两克拉的一流钻石描述为"只是开普进口的货品的微不足道的一部分"，给它们的标价为每克拉115~120英镑，而其他两克拉钻石价格为每克拉：黄钻：35英镑；浅黄钻：47英镑6先令；开普白钻：75~85英镑。

② "南非钻石的发现，刚开始看起来是一个市场冲击，人们对此表现出了恐慌情绪，但事实上这是钻石行业真正发展的开始。"H. Winston：《美洲钻石市场》（Optima，1957年12月刊第208页）。

敦采购了一些链条带，据说其他国家也用类似的东西来运送宝石。这批链条带买得不太成功。对于气候温热地区的人来说，它们过大过重，而且"周长太短，最多只适合于那些身材微微圆润的人，并且构造过于紧密，无从改造；穿起来以后也是行动不便、引人注目，看起来是故意要吸引人们的注意力，激发他们的贪欲"。而从伦敦送来的用于邮寄钻石的盒子，虽然与巴西和东方在用的盒子相似，但深度不够，没办法放置南非大量的20克拉以上的钻石[1]。标准银行开始通过挂号邮寄的方式把钻石送到国外，按自己的保险条款投保，不再支付高昂的船运费用。银行的另一项创新业务是让任何人，无论是否是银行客户，都能通过标准银行给运输到海外市场或其他任何地方的钻石投保。

标准银行在科里普得利夫特的业务很快就超过了原来的预期，1871年9月，银行迁入詹姆士·斯特朗（James Strong）的石头建筑新楼里，这个大楼被称为当地最好的建筑之一。尽管采矿工经验不足，使用的机器还很原始，而且截至目前作业仅停留在地面表层，不过从看得见的成果来说还是不错的，也有不少突出的发现。斯图尔特也对未来充满信心，他在1871年9月主张增加资本，使标准银行能够开展更多业务。然而在这个时候，科里普得利夫特的经理被盲目乐观主义冲昏了头，在以钻石为抵押物的借款上过于宽松，把本地评估价作为了抵押物的估价[2]。标准银行在伦敦持有的钻石数量在增长，但发现没有能马上变现的希望，这其中也还有钻石主对钻石设置的底价过高的因素。

---

[1] Joan Evans: History of Jewellery, Dover Publications, 1989.

[2] 到1871年底，通过标准银行科里普得利夫特网点发放的借款达 9 000 英镑，作为借款担保的钻石原评估价为 42 000 英镑，而当时评估价已跌至 11 500 英镑。

新热潮与危机

当在科尔斯伯格·科普里（Colesberg Kopje）发现更多钻石时，人们纷纷涌向这里，这被称之为"新热潮（New Rush）"。发现"干"钻石①的消息一个星期内让科里普得利夫特矿区人口少了一半，而河对岸的普内尔地区几乎已被废弃。"整个大街曾经到了下午就是各种买卖，熙熙攘攘，现在从早到晚这个景象都已经完全消失了，只有那恒久不变的科里普得利夫特石头建筑，矗立在那里，讲述着曾经的繁荣。……在一整个月内，从河边通向内陆的道路已经被各种交通工具堵到了极限。这种景象前所未见。当有新闻说只要把那些远处的小山丘表层的砂土剥离就能找到钻石，那些之前花了一年多的时间撬开石头，抱着碎石蹚过及膝深冰冷的河水的男人们，不仅卷起铺盖，还带上了家什、开采工具和他们的一切所有，徒步至此。来自科里普得利夫特和普内尔的队伍中还加入了来自河流沿岸其他地区的更庞大的人群，所有人都运来了沉重的铁皮屋子和其他又大又沉的家当。②"

> ### 地名的变化
>
> 　　1873 年，金伯利通过了新的宪法。其中，一些地区的名称发生了变化。科里普得利夫特（Klipdrift）和普内尔（P'neil）自此以后被称为"巴克利"（Barkley），那些迄今称为"新热潮"（New Rush）的城镇或营地被命名为"金伯利"（Kimberley），而杜特瓦潘（Du Toit's Pan）的名称没有发生变化。

---

① "干"钻石这里是相对于之前河中淘出的"湿"钻石而言。
② George Beet: Grand Old Days of the Diamond Fields, 1931.

金伯利

在钻石热期间，金伯利的社会条件催生了人们对标准银行年轻工作人员可能腐败的担忧。一位经理的报告指出：

"在这样的社会里，没有可敬的中产阶级元素，没有家的舒适，也没有限制；金钱的流通非常迅速，诱惑也很多，在任何可以想象的场合和日常生活中的几乎每一个细节都充满了对赌博的狂热……由于当地的特殊情况、优秀职员的缺乏、就业机会的充裕，以及挖掘者生活诱惑太多，必须允许有一定的额外空间……"

"我很遗憾地得知，几个月前，有三名派遣职员放任自己与有名的赌客在附近酒馆以及他们在银行的公寓里打牌赌博了好几周。这表明，而实际也确实如此，他们在办公室里缺乏适当的相互监督。"

1872年初，最受欢迎的矿工营地是戴比尔斯（De Beers），好望角银行决定在此设立分行。由于科里普得利夫特的矿工大批离开，为了预防科里普得利夫特的存款转走而可能造成损失，标准银行在戴比尔斯设立了代表处，并由W. H. 克拉文（W. H. Craven）先生担任经理。另一股矿工热潮发生在杜特瓦潘（Du Toit's Pan）被发现之时，标准银行也在那里设立了代表处。戴比尔斯的"新热潮"表明，设立代表处的运营方式是昂贵且危险的，戴比尔斯的代表处很快变更为一家分行。

这些地方的办公环境非常简陋，O. H. 贝特（O. H. Bate）先生对于其自身经历描述如下："最初我在金伯利（'新热潮'时的戴比尔斯）时，我们工作和休息都是在办公室。第一个人睡在柜台前面的吊床上，第二个人睡在柜台后面的吊床上，第三个人睡在柜台上（柜台不够长无法容纳两个人），第四个人睡在会计的桌子上，第五个人睡在仅仅是一个小隔间的经理办公室的担架床上。如果能找到空间，会有更多的人睡在经理办公室里。但是，办公桌的倾斜坡度太大，无法当作床使用。这是在金伯利的第二个办公地，第一个办公地后来成为克雷文俱乐部（Craven Club）的棋牌室，也是一家狭小的房间，即使在最宽处也十分狭窄，房间的另

金伯利营业场所

一侧则越来越窄。我一直好奇，在钻石矿区最初简陋的办公室里，经理是如何会客的。我想，他的办公室也就是4英尺长3英尺宽，里面有三扇门，两把椅子，还有一个斜隔板是他的办公桌。这如何让客人进入他的办公室，确实是一个难解之谜。这就是科里普得利夫特的办公环境，我们后来搬到金伯利，就将那里作为工作人员的休息地。在政府担心矿工们暴动而号召志愿者保护监狱和政府办公地时，金伯利的职员还站岗放哨，当时办公室的每个角落都有步枪。"

欧洲市场无法消化突然间大量涌入的钻石，严重的滞销不止发生了一次，个人投机者损失惨重，钻石市场每况愈下。1873年，海外价格几乎崩盘。当年年底，罗伯特·斯图尔特对钻石矿区会突然出现大面积停工的可能性表达了担忧。对标准银行而言，这不仅意味着借出去的贷款有重大风险，而且银行可能突然被要求用大量黄金偿付其在矿区流通的数量可观的银行券。鉴于硬币普遍短缺的情况，这可能远非易事。但是，尽管承认形势不佳，该地的经理依然直言，只要还有钻石，就一定会有大批人前来采挖。

1874年早期，钻石的前景依然被认为会很不景气，尽管人们希望由于矿脉和水的问题以及许多矿工北上转移到新发现的莱登堡（Lydenburg）金矿等原因，造成钻石产量下降，可能会引起价格上涨。但是，全年钻石产业依然一片萧条，破产也屡见不鲜。到1874年底，形势看起来几乎已经到了穷途末路。矿区中的欧洲人数量已经下降到6 000人左右，采矿业剩余的资金已经不够应付高昂的生活开支和上涨的税收负担。全面崩溃除了给标准银行带来不可避免的经济损失外，还会使银行陷入无尽麻烦。

除了钻石行业自身的危机之外，当时的政治局面也不利于银行业务的有序开展。英国的吞并虽然解决了一些悬而未决的问题，但又导致一些新的问题产生，钻石的发现更是引发了关于领土所有权的漫长而复杂的争论。由于缺乏足够的（或任何的）土地调查，个人对其土地享有的所有权往往是无保障的，一度几乎"每英亩土地都存在争议"。1875年初发生了起义，临时组建的部队从开普及时赶到，才避免了流血冲突。

钻石开采的"昔日辉煌"已经结束，成本的上升和价格的下降迫使个体采矿工正在退出历史舞台，并形成了时代的呼唤——采矿权的合并、更昂贵的新技术和设备以及实现这些所需要的大量资金。这一切都在指向钻石产业的新时代，即由股份公司进行管理和运营，股份公司拥有比个体矿工更多的资金，也能吸引海外投资者的兴趣。

第二节　钻石矿区的现代化发展

矿区的逐步集中化

早在1871年，标准银行就预见到钻石产业的组织形式不应该以个体矿工为单位，因为小资本采矿工只顾尽可能地开采更多的矿石，钻石的产量难以得到规范，生产过量与价格疲软也就随之而来，但采矿工人却对此无动于衷。金伯利矿早期就经历过几十个个体矿主割据的混乱局面。随着开采越深，自己区块或周边区块边墙塌方的可能性越大，此类风险与水灾风险一方面共同成为钻石产量持续增长的主要掣肘，另一方面也带来了各种法律争议：谁应该或者能够筹措资金弥补损失，恢复原来的开采作业。除非这个问题得到解决，否则受影响区域的收入来源将持续被切断，被动闲置产生的费用开支也将越积越多。

当矿脉塌方时，清理废墟的责任落在事故发生地的矿主身上。这就产生了一些问题，其一是矿主间事故损失的认定；还有另一个更为实际的问题，就是矿主是否有承担费用的能力。律师之间关于事故矿脉和水患的认定之争无休无止，也触发了1874年初金伯利矿业委员会的成立。当时，金伯利矿的很多矿区都被掩埋或淹没长达数月，钻石矿也呈现整体低迷。委员会的主要目标是为解决塌方和消除水患筹资，并有权向涉事矿区的所有矿主征收费用。其他矿区也成立了类似的委员会。

从理论上看，这虽然是个不错的方法，但实际操作起来却是乱上加乱，其原因在于委员会的一个错误做法，即先清理矿区，再要求相关方支付款项。除非相关方能够按要求付款，否则委员会自身无力支付该笔费用，这就使得这些债务被转嫁给了负责清理的承包方。当支付款项出现严重拖欠时，人们又开始质疑委员会在法律上是否有权征收这些款项。无债务偿还能力的公司对这些质疑喜闻乐见；而另一些实力比较强大的公司，则双手赞成委员会向其竞争对手征收一笔足以将后者置于死地的款项。此外，在款项征收方面，矿业委员会对涉事矿区享有优先留置权，所以公司的盈利资产及其股票的价值都会受之前负债的拖累。对那些接受这些公司的股票或资产担保、向借款人放款的银行或个人而言，这都可能是致命的。基于上述原因，加之各方向矿业委员会施加的压力，使得通过善意公共权威机构的介入来解决矛盾的尝试宣告失败。

出于共同利益与安全的考量，邻近矿区的矿主倾向于联手合作，由此一步步地开始了私有化企业的产生和新鲜资本的引入。截至1879年末，金伯利矿的大部分地块都属于私有企业。所有权集中尽管有一定用处，作业模式也改变为通过机井沿矿井周边沉降，并向内部蓝色矿脉挖凿的模式，但并没有减少开采风险和水患，困扰个体采矿工的问题也依然困扰着这些私有企业。例如，1880年初期的一起矿壁塌方事件，就需要约800 000英镑来解决。在此类重负之下，即使大部分公司实力比个体矿主更为强大，但也可能会因无力承担而被迫出局。人们开始预见到大统一将会是行业问题的最终解决方案，以公司化代替个体采矿只是一道前菜，通过并购集中私有公司来解决地下开采（不再是地面开采）中碰到的难题才是真正需求。并购最终是通过零零散散的谈判实现的，通过这些谈判，小型公司逐渐被更大的公司收购。

　　尽管标准银行密切关注钻石产业组织形式的变化，但总体更倾向于保持审慎的态度。在钻石矿的持久性、抵押物的最终价值尚存疑虑的阶段，以采矿权或后期以钻石公司股份为担保获得借款都不被认为是可取的：采矿权本身就受留置权约束，且约束程度不尽可知；质押股份未经其所有者同意不得出售，且其价值可能会产生巨幅波动；在最需要出售的时候，采矿权和股份难以轻易变现。

　　标准银行虽然认为并购可以最终挽救矿区，不同主体从不同的立场来看，对并购的态度是不一样的。商业界担心会给矿区的零售业带来损失，因为并购成为一家控股公司后，公司必然会大批量采购物资直接供给本地劳工。开普政府声称，并购将严重打击国家的铁路运输，并威胁要对出口的钻石征收沉重的从价关税。小型的公司也不乐意看到未来自己被吞并。然而，并购的态势发展迅速，欧洲大量投资资本涌入。美国和其他地区的贸易复苏，钻石价格高涨，都对这一态势的发展起到了作用。

　　钻石的产量持续保持稳定、高速增长。1878年到1881年之间，钻石年出口量几乎翻番——超过400万英镑。结合并无迹象表明钻石产量会随开采深度下降的判断，这一势头对新公司的成立、外部资金的引入起到了积极作用。标准银行金伯利矿的经理认为1880年是矿区史上最繁荣的年份。1880年底，出现了两个不同的且明显相互冲突的趋势：一是开采开发更为高效，二是公司合并与限产，以对市场的不稳定的忽低忽高的价格水平进行维护管理。当时成立仅18个月的法国钻石矿业公司收购了约四分之一金伯利矿，其他矿主也联合成立公司以保护自身利益。

1885年，铁路延伸到金伯利，给该地区带来了比以往成本更低的供给，尤其是煤炭，从而进一步提升了利润。1886年晚期，人们可以很明显地看到，掌握行业未来的公司就在三个留存下来的最大的集团中间：金伯利中央公司（Kimberley Central Company），戴比尔斯公司（De Beers Company）和法国钻石矿业公司（French Diamond Mining Companies）。

投机潮的破灭

人们误以为贸易要兴起，新公司不断设立，出现了前所未有的投机潮，钻石公司的股价冲上历史高位。不少于66家新公司相继成立，在不同矿区开采作业。这些公司的认购资本达到近750万英镑，其中不到100万英镑为待缴资本。"艾比登大街（Ebden Street）从早到晚都挤满了骚动、疯狂的人群。各大公司的筹建办公室都被堵得水泄不通，那些被挤在外面的人们把他们的股份认购书（上面附着支票和银行券）从窗户扔进来，希望能被幸运眷顾。"

这种境况让银行陷入两难。一方面，银行急于出借资金以追求利润；另一方面，也迫切想保留资金，以投资于真正有丰厚利润回报的项目。在繁荣期，标准银行贷款坚持

戴比尔斯公司

戴比尔斯公司，目前是世界上钻石的主要供应商，在南非、博茨瓦纳、纳米比亚和加拿大均拥有钻石矿场，并在30多个国家开展业务，其业务量约占世界钻石交易总量的35%（按照价值计算）。

戴比尔斯在1888年由塞西尔·约翰·罗兹（Cecil John Rhodes）创办，后于1926年被英美资源集团（Anglo American PlC）收购控股股权。

以大大高于规定质押数额的股票作为担保，并且只向其认为有偿还能力的客户提供贷款。同时，标准银行也采取措施，通过实地调查强化自己的判断。也正是在繁荣的鼎盛时期，斯图尔特受伦敦指派对钻石矿区的情况进行调查，并决定是时候终止此类业务。他发现当地的投资人群已经超买超卖，先用现金买进，然后在现金用完的时候使用信贷。而钻石行业现有的生产规模所需的资金远高于当地民众能持续提供的能力。事实上，他认识到，南非钻石开采的融资和发展不能也不应该仅仅局限于南非本土层面，而必须从其他来源获得资金。他做出这样的判断是勇敢的，因为要戳破一个越吹越大的充满希望的泡沫，不可避免地将标准银行和南非其他各大银行置于众矢之的，但由于他的勇敢和标准银行的主导地位，使其可以有效执行这些决定。

超出斯图尔特预料的是，戳破泡沫的时机刚好撞上了南非其他经济领域一场史无前例的大萧条。可能正是这个巧合，使得历史学家有理由把后面发生的大萧条大部分归咎于银行的所作所为。即使像E. A. 沃克（E. A. Walker）这样可靠的见证人也写道："过度资本化的钻石公司开始使用昂贵的竖井，并在无谓的诉讼上花费大量财力物力，他们于是便催缴股本；银行突然拒绝以采矿权为担保的借款。"[1]

当繁荣褪去时，标准银行的钻石担保项下未偿贷款已超过100万英镑，这些贷款受到了双重冲击，因为银行既接受了矿业公司采矿权的担保，又接受了其他客户以同一矿业公司股票的担保，向两者都发放了贷款。这些股票的价格下跌了50%，幸运的是，标准银行的审慎原则使得其免于亏损。但这并没有减少这道现在被称为"痛苦的再评估"程序的必要性。1882年，由刘易斯·米歇尔（Lewis Michell）赴矿区开展此项工作。

---

[1] E. A. Waslker: A History of Southern Africa, Longmans Green and Co., 1957. 在书页空白处记录的此段撰写的时间为 1882 年。

刘易斯·米歇尔
（Lewis Michell）

南非银行业史上一位伟大的人物，刘易斯·米歇尔（后为刘易斯爵士），出生于1842年8月11日英格兰的普利茅斯。他在伦敦基督医院接受教育，一开始为伦敦和南非银行工作，该行于1864年将他送往伊丽莎白港。由于银行的极端保守主义，米歇尔于1873年辞去了伦敦和南非银行的职务，并加入了伊丽莎白港的标准银行，在那里，他逐步晋升为副总经理，然后是联席总经理。1896年，他成为唯一的总经理，到那时，他和标准银行总部都搬到了开普敦。

米歇尔的银行事业经历了南非历史上的一个发展阶段。作为这个国家最大、最有影响力的银行的负责人，他参与制定了所有四个殖民地以及罗得西亚的经济政策。正如其他地方所描述的，他成为塞西尔·约翰·罗兹（Cecil John Rhodes）的亲密商业伙伴和知己。

第一次英布战争（1880—1881年）后，米歇尔向克鲁格（Kruger）和他的同事们提供了标准银行的援助，并向他们提供了经济政策方面的建议。他还帮助起草《比勒陀利亚公约》的条款。1893年，他是开普敦殖民地的代表，也是奥兰治自由邦和纳塔尔在铸币厂会议上的非官方发言人。第二次英布战争（1899—1902年）结束后，他帮助罗兹勋爵恢复了奥兰治自由邦的财政秩序，并被任命为德兰士瓦的财政部部长，但他拒绝了。

为了照管罗兹的利益，1902年米歇尔离开标准银行，同年，其作为开普议会议员进入政坛，并成为Jameson博士政府中的不管部长（没有特定主管部门的部长职务，属于内阁成员）。他因在开普殖民地担任戒严令委员会主席而被授予爵位。在1908

年至 1909 年的国民大会上，他密切关注罗得西亚并参加了当年的许多重要讨论。

根据《南非人物辞典》，米歇尔是一个安静、谦逊的人，也是"一个精明的、面对南非形势的冷静观察者。他设法使标准银行和他自己在困难时期避免卷入有争议的政治事件，并在很大程度上影响了南非和罗得西亚的经济发展"。他一直是英国人和南非白人良好关系的坚定支持者，并强烈主张南非的国家统一。

刘易斯·米歇尔爵士一直住在南非，直到 1928 年去世。🏦

在1884年标准银行股东大会上，股东直言不讳地对从银行准备金中提取13万英镑以应对钻石担保物的进一步贬值提出批评。四个矿区的债券和受让采矿权账面价值仅25余万英镑，而它们的实际价值还不到账面价值的一半。作为借款担保的钻石公司股票面值为75万英镑，但其市场价值仅为该数字的六分之一。例如，金伯利中央公司1881年初股票价位约为400英镑，现在以25英镑的价格都难以售出。尽管竞争对手的境遇更为窘迫，但标准银行却并不因此感到宽慰。

1887年，矿区的银行贷款总额翻番，达到了近150万英镑。标准银行在当地的贷款业务，从相对较少的20万英镑开始，增加到85.1万英镑，占比从原来的三分之一跃升到一半以上。同时，存款也有了大幅提升，达到了100万英镑以上。这一时期的繁荣是1881年无法相比的：所有的矿区都在生产，利润颇丰；几个领军公司财务状况良好，有能力调节产量以维护钻石价格；地下作业系统已经不再是花大钱搬运矿脉了，对蓝色矿脉也有了更好的处理方法，从而获得了更高的提取率。

面对繁荣，标准银行仍然保持了冷静与理性，1888年初决定采取一定措施应对飞涨的股价。金伯利矿的经理早已被告知要对银行贷款把好严关，现在又被告知要审慎对待矿类股票的市场价值，如果以股票向银行申请借款，对金伯利中央公司和戴比尔斯公司的估价分别不得超过20英镑和

15英镑，对其他公司的股票仅非常保守地接受且估价绝不超过其面值。紧随而来的情况是在公司股东中间引发恐慌，甚至导致戴比尔斯的股票价格也下跌了。罗兹随后把炮火对准了标准银行，指责其对贷款的限制政策。但众所周知，银行实行这些限制前已有相当充分的通知，在市场上也没有引发任何不良后果。但是，股票价格还是持续低迷，罗兹也始终不愿意为股价的飙升和随后的崩盘承担责任。7月末，刘易斯·米歇尔被告知，罗兹"打算和你一决雌雄，因为你在危机后期采取的措施几乎给了他的计划拦腰一刀"。两人首次会面是在8月初，米歇尔成功说服了罗兹，会面以他们的友好分开结束。罗兹各产业的银行业务逐渐开始委托标准银行办理[①]。

塞西尔·约翰·罗兹
（Cecil John Rhodes）

塞西尔·约翰·罗兹与标准银行的密切关系是他与刘易斯·米歇尔所建立的深厚友谊的结晶。在经历了一段不顺利的开端之后，这种关系发展到罗兹把他的全权委托书交给了米歇尔，并在他多次出国期间任命他为特许公司的总经理。标准银行的总经理经常发现自己经营着特许公司——根据该行的规定，他拒绝接受任何报酬。

第二次布尔战争结束前不久，罗兹在开普敦因病去世。1902年6月，标准银行唯一的总经理米歇尔也因此辞职。米歇尔早些时候曾向罗兹承诺，他将成为这位矿业巨头庞大遗产的遗嘱执行人，并在戴比尔斯公司和特许公司的董事会中接替他的职位。而赫克特·麦肯齐（Hector Mackenzie）和H. 谢尔顿·科贝特（H Shelton Corbett）则被任命为联合继承人。

在米歇尔的回忆录中，他描述了罗兹与小人物之间的友谊及激励他们感情的超强能力。"我从不

---

① Lewis Michell: The Life of the Rt. Hon.. Cecil John Rhodes, Edward Arnold, 1910.

羞于承认我爱他，因为我从来没有爱过任何其他人，他的缺点对于所有进入他轨道的人来说，就像太阳上的斑点一样。"

米歇尔还痛切地描写了他的朋友最后的几个小时："最后一次见到罗兹使我对他的性格有了新的认识。他知道他的时间很短，并且很迫切地需要有他的密友陪伴身边。1902 年 2 月末，我和米尔纳勋爵（Lord Milner）住在阳光海岸（约翰内斯堡），这时我收到不止一封电报说罗兹需要我。于是我返回了，并于 3 月 8 日到达开普敦。我一到达就发电报说我第二天就会和他在一起，但他对此并不满意，他回复说把他的汽车从梅森堡送到我这里来，并且我必须马上离开。我发现他完全变了样，满脸斑驳，呼吸困难。他有时昏昏欲睡，但头脑却很清醒，并且用他残存的力量讨论了几个要点。他并非天生多愁善感，但当我离开的时候，他说'再见，我的朋友'，让我感到无比的悲伤。"

当多方大大小小不同利益开始争夺钻石矿管理权时，标准银行以谨慎的态度保持严格中立。和所有中立者的命运一样，其仍被指责偏袒某方，但对此标准银行坦然面对。现在竞技场中仅剩两名实力选手，虽然压力更大，但银行依然不改中立的立场。在统一管理下，钻石产业开始走向直至现在依然保留的格局。在标准银行看来，这一变化很重要，它使得原本所谓的银行钻石零售业务消失了，并将矿区银行业务的主要收益从贷款业务转变为外汇业务，金伯利也成为重要的分行，其业务包括直接从钻石销售以及钻石股票海外交易中产生的外币兑换，还包括股票牌价在不同市场上出现差价，操盘手进行越来越多的套利交易。

第三节　黄金矿区的开拓

　　19世纪70年代钻石产业遭遇低价、开采量下降以及作业成本高昂的困境，市场变得十分萧条。然而幸运又一次降临到南非人的头上。北部地区发现了黄金的好消息传来，金灿灿的新希望为商业和银行带来了新的机遇和挑战。历史学家德基维特（De Kiewiet）曾有这样一句惊人之语："1886年以来的南非史是黄金的历史。"此语未免有些夸张，黄金采矿业自此后长期成为南非经济发展的基石和引擎。又是上帝的钟爱，在全世界黄金储量中，南非竟占了60%~65%。南非的金矿主要分布在奥兰治河的支流瓦尔河流域，形成一个半圆形，延伸500公里，素有"金弧"之称。到19世纪末，南非的黄金年产量已达750吨，高居世界之首。

　　最初发现的黄金矿藏都在德兰士瓦境内，但这里的黄金深埋地下，深达三四公里，开采需要巨额资金和特殊的技术。丰富的矿藏吸引了众多外国投资者和技术人才，英国和西欧等资本主义国家的投机商、冒险家竞相前来购地勘矿。到处是熙熙攘攘的人群，杂乱的手推车、木轮车，大小帐篷林立，瓦楞铁皮盖的小屋越来越多，形成了一个淘金者的居住区。继钻石开采热潮之后，又掀起了新一轮淘金浪潮。1891年，金矿解决了用氰化物提纯的技术问题，黄金产量大幅度上升。1895年，露天金矿开采殆尽，又转入地下挖掘，矿业出现新的繁荣。到1896年，南非生产的黄金达200万盎司，价值1 600万英镑。1898年，黄金开采量超过美国，跃居世界第一。

采金业的兴起造就了一个大都市。黄金财富像磁石吸铁一样，吸引着资本、技术和劳力蜂拥而来。1886年10月，德兰士瓦当局宣布在矿区建市，于是，为了纪念约翰·利希克（Johannes Rissik）和约翰内斯·朱伯特（Johannes Joubert）对开发南非黄金的贡献，取二人共同的名将城市命名为约翰内斯堡。前者当时任测量主任，后者是矿业部主任，都担负着勘探矿藏分布的任务。随着黄金开采量的增加，约翰内斯堡的规模和人口也愈益扩大。只经过15年时间，到1900年，约翰内斯堡就发展成一个拥有10万人口的城市。此后，约翰内斯堡一直是世界黄金的主要市场之一。

如果南非被称作"黄金国度"的话，那么约翰内斯堡便是"黄金之城"，更有人将其称为"世界黄金之都"。今天，这里已拥有100万以上的人口，工业产值占全国的20%左右，是南非最大的城市。它不仅仅是金矿开采区，而且是南非的经济和交通中心。这里是南非全国铁路和公路的汇合点，有着现代化的国际机场。约翰内斯堡不仅是世界上最大的金矿工业基地，也是非洲机械工业和加工业最发达的地区。

约翰内斯堡 (Johannesburg)

目前是南非最大的城市，也是南非经济最发达的豪登省的省府。

约翰内斯堡位于南非东北部瓦尔河上游高地上，素有"黄金之城"的称呼，和豪登省的其他地区一起构成了南非经济活动的中心。

其历史可以追溯到1886年的一座探矿站，紧接着大量的金矿在周边发现，前身为费雷拉（Ferreira）营［在现在约翰内斯堡大都区的费雷拉多普（Ferreirasdorp）］，后随着金矿的不断发现和开采发展为城市。

德兰士瓦的新机遇

南非的黄金的最早发现是在1871年。一个从塔提（Tati）（一个远离德兰士瓦边境的北部地区）返回的矿工，给标准银行的科里普得利夫特分支机构送去了2磅重的黄金。同年，有报道称在德兰士瓦发现了含金矿脉。但是，直到1873年，当莱登堡东南部距离大约半天路程的地方发现了冲积黄金的新闻传来后，才开始首次在大范围内对具备开采价值的黄金开展勘探工作。像钻石最初被发现时那样，丰富的矿藏吸引了众多外国投资者和技术人才，英国和西欧的投机者、冒险家竞相前来购地勘矿。新的一轮淘金浪潮来临了。标准银行再次敏锐地察觉到其中蕴藏的机遇，着手采购了黄金天平和测试材料，预先做好准备。虽然据称这个矿脉绵延15~20英里，而且黄金沉积的位置靠近地表层，但产出产量却差强人意，矿工每天只能获利15先令到1英镑。但是，德班的经理对此相当看好，他就早在1873年4月就期待着发现大量黄金了。

然而发现黄金的消息在钻石矿区既是希望，也引发了担忧。人们担忧钻石矿区所倚赖的大部分劳动力和物资都将转移到黄金矿区，钻石矿区会因此而一蹶不振。斯图尔特写信给金伯利的经理，询问他对现状的看法。金伯利的经理深信不疑地表示，标准银行在莱登堡黄金地区机构的开业越快越好。

开设分支机构遇到的首要问题就是运输开业所需的各种设施。最佳路线是经过纳塔尔，从德班到莱登堡，全程可以在30天内完成。如果从伊丽莎白港经金伯利则需要长得多的时间，而且路途更加艰巨。从金伯利到金矿的路程预计是33天，如果天气晴朗，到比勒陀利亚路段是"相当不错的"，但是从那里再到米德尔堡（Middelburg），路况就只是"过得去"了，而再之后是多山的区域，并需要多次涉水通过。从莱登堡到黄金矿区的路况被描述为"令人望而却步"，而马车旅程则是"重重险阻"，途径很多地方都有洞穴和树林，为丛林土匪提供了天然的庇护场所。如果没有强有力的人保驾护航，在这段路途上运输现金就纯属胆大妄为之举了。

为这趟旅途所设计的设备，竟神奇地与很多年之后才出现的"移动银行"设备有些相似。一辆全部用帐篷遮盖的马车，构造坚固，前后都有门；一个尽可能深地做进马车车床内的保险柜，位置靠近后车轴。保险柜的顶部可以作为一个小柜台，马车前部可以架起空间放置文具，还可以安装台面以供书写。整个行程的预计花销如下：马车需要12~14头牛，按照12英镑一头计价；除了配

深入矿区

里斯·威尔拉姆斯巡视员冒着诸多危险在德兰士瓦开设新的分行：

"从比勒陀利亚到米德尔堡这一边相当远的地方，旅行还算安全，道路总体上还不错，尽管在河流的交汇处有一些危险的漏水处。但是，莱顿堡地区山多、石多，由于马车目前由没有任何前导的牛群快速地拉着，而且司机晚上大部分时间都在睡觉，他们在陡峭的山坡上失控地冲下陡峭的山坡，这确实令人担心……然而，我到达这里时，没有遇到任何事故，但已相当疲劳了。由于从黄金矿区到这里的路更加崎岖，我决定在莱顿堡待几天，而不是立刻前往朝圣者休息处……"

置以外，马车本身的价格可能为150英镑或175英镑；一名卡菲尔车夫和额外两个"打杂工"，平均每月工资按1英镑计，每月口粮总消耗按2大桶（即六蒲式耳）计，每大桶价格为20~25先令。

除了运输问题，标准银行从伦敦和澳大利亚获得的信息也使其慎重对待黄金业务中的欺诈风险。例如，砂金（呈片状，质地较软）中混有黄铜粉末（色泽耀眼，质地较硬）或者其他材质仿制的镀金块金，这只是会碰到的最小儿科的欺诈行为。还有一种做法，即企图以金矿为抵押向银行借款，而金矿事先已经被精心伪装过，他们用砂金代替子弹，再向地面射击，把砂金注入地里面，这种做法会让银行更为头疼。这些风险使得标准银行推迟了进驻德兰士瓦开展业务，即使其银行章程并没有规定不能入驻。但这延迟的四年也没有错过什么大事，因为在这段时间里，那里对外公布的黄金产量几乎微不足道。

1836年，对英国统治不满的布尔人开始集体离开开普殖民地，并在北方内陆建立了莱登堡共和国、温堡共和国等殖民区。后在1852年合并，建立了德兰士瓦共和国。1877年初，德兰士瓦被吞并的可能性已经相当明显，标准银行章程中关于银行入驻该地区的合法性问题也将随之消失，银行督察员被指示在金伯利待命，一旦德兰士瓦被吞并就马

比勒陀利亚

比勒陀利亚（Pretoria）于1855年建城，以布尔人的领袖Pretorius的名字命名，是德兰士瓦共和国的首都。

1910年南非联邦成立后，该地成为南非联邦（后来改为南非共和国）的行政首都。

2005年3月，比勒陀利亚更名为茨瓦内（Tshwane）。

比勒陀利亚的营业场所（1879）

比勒陀利亚的营业场所（1898）

上奔赴比勒陀利亚。1877年4月12日，英国发表声明，德兰士瓦共和国成为英国殖民地，但是信息直到十二天之后才到达金伯利。督察员当天下午就搭乘邮政马车出发，金伯利的一名柜员随行。赴德兰士瓦上任的首席法官J. G. 柯策（J. G. Kotze）也是同车乘客[①]。他们第二天早上抵达波切夫斯特鲁姆（Potchefstroom），经过快速的调查后，新分支机构于5月2日开业。两周后，标准银行在比勒陀利亚也开业了。

随后，标准银行将注意力转移到莱登堡附近的黄金矿区，大约四年前这些金矿被发现的时候，对此地曾有过仔细的调查。现在，朝圣者休息地的主要营地迎来了访客，那一带四面都被高耸、陡峭、多岩石的山峰包围；从那里到麦克麦克（MacMac）和斯皮茨克普（Spitzkop），只能通过骑马或步行。过了朝圣者休息地营地，三英里开外就是溪流，沿着坑坑洼洼的两侧，就是黄金的藏身之地，通常在大卵石之下。采矿工总数估计为350人或以下，其中许多来自澳大利亚和新西兰，收入似乎仅够维持生计。在斯皮茨克普，大概有160个矿工，收获喜人，附近几乎每周都有一个收获的小"高潮"。麦克麦克的产出则更规律，虽然没有特别亮眼的发

---

① John Gilbert Kotze: Memoirs and Reminiscences, Maskew Miller Limited C., 1940.

现。那边大约有80名矿工，平均每人月入约为5英镑。

准确了解黄金产量几乎是不可能的，因为矿工提供的信息往往是不可信的或误导的。因为朝圣者休息地的买家收购价只有每盎司3英镑12先令，矿工们觉得四处宣传并不能给他们带来好处，于是在各种场合不但不透露信息，而且尽可能保管好发现的黄金，等私下积累了一定的数量再带回家。标准银行认为这一局面并不乐观，决定不在矿区而是在还没有银行的莱登堡设立分支机构，这项计划在1877年8月1日得以完成。三个月后，又一家分支机构在海德堡（Heidelberg）开业。

莱登堡营业场所

巴伯顿与兰德

1881年，迪卡普(De Kaap)新发现了更多的黄金，尤其是在巴伯顿（Barberton，黄金矿的最中心区域）周围，这在现在看来是威特沃特斯兰德（Witwatersrand，简称为兰德）发现重大金矿的前奏。迪卡普这个地方是1884年才被命名的（名字来自荷兰一种方瓶杜松子酒），位于卡普山谷，在一座高达5 000英尺的大山脚下。在数十个小矿脉中都发现了黄金，这让所有勘探人员的注意力从之前冲积黄金的操作模式中转移了出来。"出现了各色各样千奇百怪的小矿区，一个个在悬崖峭壁上摇摇欲坠，它们与外界连接的方式是空中缆车，以及穿过梦幻般的原始森林，到达大山高处的羊肠小道"①。参与了这些小矿区投资的人们会美化其幻想，他们也的确这么做了，用类似"雾中少女""法国佬鲍勃""失落的十部落"以及"交钱取货"这些名字来命名矿区。

1886年4月13日，标准银行在巴伯顿开业。矿脉吸引了人们大量涌入，酒店房间每晚都挤满了"临时寄宿客"，标准银行两名职员中第一位抵达的职员幸运地只需要与一名客人同住（这位客人患上了流行性疟疾）。在"所有其他地点都已经踩过点后"，银行的临时营业场所安置在一间小小的泥地房间。银行职员借了一个钱箱，他每天晚上都要把钱箱放到营地的一个小保险箱里，那是相对安全的地方，信件也是他用酒店的手摇印刷机复印的。但是，他很快就在黄金特派员办公室附近的高地上搭起了一个棚屋，每月支付10先令证照费。之前钻石矿的惨痛教训还历历在目，标准银行拒绝了以股票为抵押的投机性借贷申请，因为繁荣还只是预期，是否能够实现尚不确定，更何况即使是储量最丰富的矿脉，其开采难度也仍将导致高昂的作业成本。例如，石坝金矿位

黄金的运输

考虑到在铁路完工之前将黄金从约翰内斯堡运往开普敦的危险，运输途中抢劫案数量之少令人惊讶。一箱箱的黄金通常是在半夜从标准银行保险箱转移到邮车上。有职员记录道：

"载着十几个乘客、并由十几匹马拉着的马车停在标准银行外面，经常在漆黑的地方。号角吹响了，唤醒了当地的男孩们，我们把箱子扔进马车的后备箱里，车夫在收据上签了字，马车就冲进了漆黑的夜色中。没有武装护卫，而据我们所知，所有的乘客都是全副武装的亡命之徒……我们自己常常冻得半死，只有一件事情要去做，那就是点燃煤油炉，煮上咖啡，然后爬到睡袋里（用卡洛斯或毯子缝制的），并努力在第二天的辛劳开始之前睡上一觉。"

---

① T. V. Bulpin: Lost Trails of the Transvaal, Southern Book Publishers, 1992.

于距离巴伯顿12英里左右一段山脉的高处，那里水源稀少，部分山坡因为过于陡峭，只能依赖徒步攀岩。和舍巴（Sheba）金矿储量和知名度都不相上下的布瑞（Bray）金矿，也不得不让当地人用头顶着的方式，先把石英岩运到山顶再运送出去，费用是每吨3英镑10先令。

巴伯顿的营业场所

到1886年底，巴伯顿开始出现萧条。虽然已经成立的500家公司和辛迪加，其名义资本总额约达160万英镑，但实际以现金缴纳的资本不超过十分之一，真正在作业的重击杆数量也仅100来个。由于管理尚缺乏专业性，投机者发起的公司败坏了矿区的整体声誉，实力更强大的公司存活的可能性更大。大部分公司还在等待机器设备的到来，有了这些机器设备，他们才可以开展各种详尽的测试，从而得知矿脉的真实价值。1887年年中，产出的黄金数量也相对较少，虽然后来矿区黄金产量正常化了，证明巴伯顿还是有一定价值的，但其产量远远小于一开始的预期。尽管如此，"巴伯顿对兰德来说是先行者"[1]。

兰德发现黄金让约翰内斯堡与金伯利齐名，并让整个国家看起来比以往任何时候都更像是一片"希望之土"。1886年9月，矿区正式开放开采，这个时间可以说是标志着兰德金矿的开始。

---

① Paul H. Emden: Randlords, Hodder & Stoughton, 1935.

约翰内斯堡早期的营业场所

标准银行的代表D. P. 罗斯（D. P. Ross）当时已经接受北上命令，于9月27日抵达兰德，以10英镑的价格购买了一顶12×10英尺的帐篷。1886年10月11日，银行在费雷拉（Ferreira）的这个帐篷里开业，资产为银行券1 000英镑、黄金1 000英镑、白银100英镑。不久之后，银行搬进了"茅草屋"——被认为是约翰内斯堡的第一座砖房。1902年，标准银行从约翰内斯堡联合投资公司（Johannesburg Consolidated Investments）买下了面对专员街（Comiisioner Street）、福克斯（Fox Street）和哈里森街（Harrison Street）的巴纳托大楼（Barnato Building）。一座宏伟的新石筑大楼在这块土地上拔地而起，并于1908年启用，今天这里仍然是约翰内斯堡分行所在地。

对于当时的情况，罗斯汇报称，黄金矿长约四五十英里，深度为4~6英里，矿脉呈东西走向。与之前发现的其他石英岩不同，该地的石英岩呈砾岩构造。九个矿场被宣布成为公共黄金矿区，各地的人们纷至沓来。矿脉带沿岸每间隔六英里就有营地驻扎，左右两侧又涌现出了很多相类似的营地。那些还没有开放的矿场，地面区块就已经被划分好了。费雷拉（Ferreira）营位于矿脉带中心，毗邻政府矿区冉德业斯拉特（Randjeslaagte），约翰内斯堡的城镇即将在此地形成。大多数矿区归一些个人或集团所有，他们缺少资金，仅仅挖了几英尺深的沟槽，粉碎了少量石英岩，得到了一些有黄金的"迹象"，就洋洋自得了。但是，兰德黄金矿业公司已经使用竖井沿矿井沉降至四五十英尺深，发现随着矿井的下降，矿脉的质量越来越高，获取了平均每吨5盎司的回报。这成为了普遍的预期值。罗斯认为，如果预期成为现实，毫无疑问黄金矿将获得巨大成功。

标准银行在兰德也保持了谨慎的态度。由于冲积黄金几乎是没有的，所以勘探工作与当年发现钻石时完全不同，需要购买用于石英岩的重型机械，这需要资金支持，而且结果如何需要时间验证。对于资金问题，集团和公司比个体采矿工占有很大优势。让标准银行感到忧虑和不安的事实是，在这样的地质地貌中从未找到过黄金，不乏地质学家和采矿工程师认为，这些新的含金砾岩层矿脉具有明显的冲积特征，因此矿脉深度不会很深。最终的情况是，发现黄金的地区相当之广阔，但与其他地区沉积带相比品质相对较低。

在黄金矿上，在巴伯顿和兰德，标准银行虽然保持了谨慎的态度，但在默默打好未来算盘的同时，也毫不犹豫地抓住了机会。跟河中淘钻早期阶段做法相似，银行主要是从矿工处购买，在伦敦出售，并通过以黄金为担保物提供贷款。

早期的黄金业务

时任标准银行总经理在1887年5月访问约翰内斯堡时，这个城市的人口在6个月内已经增长到了3 000人。仅一年后，刘易斯·米歇尔就汇报称主矿脉地带长达20英里已经在连续作业，约翰内斯堡人口数达到了10 000人。

标准银行在黄金矿区的业务在早期遇到的第一个问题是黄金检测的技术问题。在标准银行开始进行黄金检测之前，银行早期购买的黄金是经过干馏而不是冶炼制成的。这种粗加工方法产出的制品，往往是外层含有一定纯度的黄金，而内部可能是纯度较低的合金。兰德黄金矿业公司的第一次粉碎结果显示其中含有20%的银。对此，澳大利亚的银行建议，可以用干馏黄金为担保物贷款，但不要购买干馏黄金，除非经过冶炼。

在金矿开采融资中，比纯技术难题更重要的是对矿业公司的贷款问题。由于受到早期产生的丰厚收获的鼓舞，金伯利的资金涌入，矿业公司纷纷设立，到1887年中期公司发行股票成为一种热潮，股票投机自然接踵而至。1888年初，标准银行伦敦办公室发出警告：相对于公司数量和资本投入来说，到目前为止的产出太微不足道，"投资者不耐烦地等待着高得多的黄金产量"。另外，很多公司成立时的注册名义资本很高，但并没有实际缴纳，导致90%的公司最终没有足够的资金持续经营。许多公司不筹集资本金，而是基于黄金产量增长的预期，选择向银行申请长期性贷款。

对于标准银行而言，碰到的重大问题是以矿业公司股票为担保的贷款。1888年的最后几个月，六大领军公司的股价翻了一番，整个股市呈上升趋势。12月，伦敦市场自由交易的约19只德兰士瓦公司的股票市值总共达到将近875万英镑，尽管其实收资本金不足175万英镑。一些较好的公司面值1英镑的股票，市价达到接近20英镑。投机风刮到了纳塔尔，而在金伯利，投机之风几乎还胜过约翰内斯堡。大量股票交易将电报线路都堵死了，乃至有一段时间多达7 000个消息在约翰内斯堡等待传送，导致发电报到开普敦也要4~5天时间才能送达。对此，标准银行告诫约翰内斯堡的经理要审慎，但他认为即使是股价下跌50%也不会影响他的立场。

截至1889年4月底，市场不景气，股价大幅波动，股价一再下跌，跌到几乎快和它们的票面价值持平了。但标准银行约翰内斯堡的经理依然不为此忧心。因为通讯中断，约翰内斯堡的贷款在他的允许下从1月中旬的30万英镑增长到了3月30日的75万英镑。在国外空头投机对手的外部干预下，股票市场崩盘，23家代表公司中有22家股票跌幅超过50%，有10家跌幅超过80%。当约翰内斯堡的经理最终幡然醒悟时，以矿业股份为担保的贷款达到了92.9万英镑，其中约三分之一为呆坏账。

当衰退来临时，哪怕黄金产量快速上升也不能缩短衰退的持续时间。对于标准银行，同样也对于这个国家而言都是如此。以股票为担保的贷款使得银行暴露在股价波动以及股票以次充好的风险之中。标准银行持有大量、混杂的股票，其中很多股票投机性极高，如果以当初提供担保时的价值进行出售，所有的股票都卖不动。标准银行做了一个正确的决策，即不进行强行变卖，即便这意味着将屡次从利润中提取繁重的呆坏账准备金。变卖的过程虽然是渐进的，但仍然引发了进一步的烦扰。1890年，关于银行持有无法出售股份的流言蜚语四起，标准银行的股价随之在一个月内下跌了9英镑。1889年至1891年之间，即便是黄金产量增长了三倍，对重振股市也帮助甚微。

1890年，另一种麻烦不期而至。一场大旱让德兰士瓦的街道遍布着闲置的拖车和濒亡的牛群。食物极其短缺，商店里货品价格在一两个月内涨了三倍。缺水影响了矿区作业，关于大规模遣散本地劳工的言论四起，发生暴乱的恐慌接踵而至。鲍鲁斯·克鲁格（Paulus Kruger）总统迅速采取措施，协调粮食供应，避免了一场灾难的发生。但1890年好望角银行破产再次扰乱了试图稳定局势所做的努力，耽误了股票的变现。

很多矿业公司的资金耗尽，实力较弱的公司已基本出局，黄金每月产值达到20万英镑以上并保持稳定增长。标准银行认为，如果能对那些无底线的公司发起人和轻率的投资者加以控制的话，行业趋向稳定将不再是悬念，这些观点被后来的事实证实了。铁路的开通和并购重组的进展等因素结合起来，减少了费用开支，使得大部分存活下来的公司都能赚取一些利润，而且黄金的出口很快就超过了钻石，到1892年6月稳步上升到了10万盎司。

在1894年底前，标准银行再次对黄金和钻石股份的交易活动感到不安。当时在柏林和维也纳，这些股票成了投机筹码，在巴黎也不例外。1895年初，股票的售价远远超出了它们的内在价值。在伦敦发行矿业公司股票的呼声一浪高过一浪，海外市场的利率也受此刺激，在伦敦证券交易所上市的南非公司的股票市价在1894年初还不到2 000万英镑，但到了当年年底已经上涨到了超过5 500万英镑。这个上升走势持续了九个月，使得

5 500万英镑这个数字涨了三倍。投机也不完全限于股票。约翰内斯堡的土地和物业也以高价换手，整个城市处于亢奋中。这第二次繁荣的基础比1889年更为稳固，因为在这个时间区间内，有不少于12家深层作业公司在开展工作，其中有几家作业深度已经达到1 000英尺，并且已经截断了该深度的主矿脉。公司重组、控股公司对矿区利益进行分组归类，这些做法大大强化了行业的财务和管理结构，尤其是对深层开采矿区来说更是如此。

1895年的繁荣持续的时间比上一次长。崩盘是从9月底开始的，起因是巴黎的大量抛售，这和政治有脱不了的干系。欧洲大陆对黄金矿产生越来越浓厚的兴趣，而矿区利益相关方和德兰士瓦政府的裂痕却在迅速扩大。11月，矿业商会主席公开宣称，金矿产业和外来人在这个国家不能永远处于政治弱势，这个国家是因为他们的贡献而变富裕的。危机产生的主要原因是本地劳动力的"稀缺性"，这对产量和利润都产生了限制。这些公司怀疑是政府有意阻碍发展，因为政府担心在这个小国家，如果黄金矿业变得太强大就会不利于管理。的确，新公司成立后发展速度惊人：1895年到崩盘期间，注册的公司的名义资本合计达3 200万英镑。因此崩盘来临时，其造成的影响更为深重、久远。

这次繁荣使得标准银行业务量大增。外汇和存款业务都在大幅上升，这在很大程度上归功于欧洲资本的涌入，但是这在伦敦累积了大量结余，这些款项一时也都产生不了什么收益。把黄金股票卖到欧洲以赚取较高利润的做法减少了南非贷款的金额，但是提升了贷款的质量，当暴跌到来时也没有带来大批坏账，而伦敦的结余款项得以转到南非，为采矿业的复苏乃至整体的经济发展提供资金支持。实际上，欧洲的大量买盘缓和了此次冲击对南非的影响，并且还带来了一个特别有利的效应，即前所未有的货品进口量和货币流入量，一直持续到年底。银行的存款再次上升，甚至连12月底的詹姆森袭击事件对标准银行也是间接有利的，因为公众对标准银行的信心，使得存款从其他机构涌入了标准银行。

克鲁格斯多普 (Krugersdorp) 分行遇劫

标准银行在克鲁格斯多普（Krugersdorp）的分行是南非历史上两起最大胆的银行抢劫案的受害者，这两起抢劫案相隔近90年。

克鲁格斯多普分行于1889年8月开业后不久，"爱尔兰旅"的两名武装人员走进银行，并随手关上了银行的门。这两个自称是美国人的闯入者用手枪威胁该分行经理和他的助手，抢走了保险柜钥匙，并把两名人质绑起来，最后劫走银行券2 000英镑、金银币1 700英镑，然后骑着马逃走了。

看到两个人从银行里冲出来，对面一家旅馆的老板跑过去把两个银行职员放了出来，他们立即报警。警察分局的一名警长托瑟尔（Tossel）正骑马经过，立即展开追捕，他的同事紧随其后。在途中的小客栈发生枪战后，两名劫匪被逮捕了，所有的银行券都被找到，但所有硬币都没有找到。标准银行和警方尽了最大努力寻找丢失的黄金，但没有这笔钱的下落。

两名劫匪后来被判处监禁和劳役，虽然几经越狱，仍被警察抓获并重新关押，但丢失的黄金始终无迹可寻。

克鲁格斯多普的抢劫案引起了标准银行对安保工作的重新审查。尽管矿区的大多数分行都有一名随时佩戴左轮手枪的武装员工，但克鲁格斯多普分行的枪支一直在经理卧室的椅子上，经理还没来得及取出，就被强盗抓住了。为了安抚客户，标准银行在媒体上发布通告，告知公众其位于德兰士瓦的营业场所里配备了"适当的武器"。

兰德金矿开采九年来，德兰士瓦成为世界第二大黄金生产国。黄金产量达到225万盎司，价值850万英镑，占南非出口总额的一半，每年支付股息达到200万英镑以上。南非的土地上已经形成了一个庞大且不断发展的内部市场，并对外资有着强有力且持续的吸引力，这都得益于这个现在已经有着良好的技术和财务基础且通过深层开采勘探前景可期的金矿产业。它培育了国家的煤炭工业，使得铁路总长度翻了一番，并且在约翰内斯堡养活了10万人口。标准银行为这些发展贡献了自己的全部力量，运往伦敦的黄金产出，大约有一半经由其手。

1877

Standard Bank

第三章
战争与和平

−1952

 Standard Bank

第一节　德兰士瓦的进与退（1877—1895 年）

英国人和布尔人对南非殖民地统治权的争夺对南非这片土地产生了深远的影响，让我们将时钟从上一章结束时的1895年拨回一点。布尔人是1652年第一批荷兰移民抵达南非后繁衍的后代，在融入当地生活若干年以后，成为独立于宗主国荷兰和南非土著的民族。德兰士瓦共和国是布尔人建立的国家，地处南部非洲高原地带，幅员辽阔，在1854年获得英国政府承认。

进驻德兰士瓦

1876年，纳塔尔总督舍普斯通（Shepstone）爵士前往德兰士瓦进行游说，劝其接受英国统治。由于财政困难，以及面临与东边祖鲁王国的大规模冲突，德兰士瓦共和国在内外交困的局势下接受了归并英国的要求。1877

南非土著民族

生活在南非的土著民族主要分为桑人（布须曼人）、科伊人（霍屯督人）和班图族黑人。后来桑人在南非境内完全被消灭；科伊人不再作为独立的种族和民族出现，只在混血的有色人中留有他们的后裔；班图族黑人一直在南非人口中占绝大多数，并仍以独立的民族存续至今。

**祖鲁王国
(Zulu Kingdom)**

是南非土著祖鲁人
（Zulu）和恩戈尼人（Ngoni）
联合建立的独立王国，与西
部接壤的德兰士瓦共和国时
常有土地纠纷而出现大规模
冲突。

1877 年，英国吞并德
兰士瓦之后，开始准备吞并
祖鲁王国，并于 1879 年进
军祖鲁王国，爆发祖鲁战争。
该地于 1897 年并入纳塔尔
殖民地。

年4月，英国发表声明，德兰士瓦共和国成为英国殖民地，任命舍普斯通爵士为行政长官。整体而言，形势看起来充满希望，英国吞并事件过后，人们的信心和信任都恢复了，迅速体现在贸易和商业的全面增长中。

随着德兰士瓦成为英国殖民地，标准银行章程中关于入驻该地区的合法性问题也随之消失。标准银行在1877年正式进驻德兰士瓦，本书第二章第三节对此已有叙述，此处不再赘述。标准银行当时是德兰士瓦和英国政府的对口银行，银行雪中送炭向德兰士瓦政府提供了15万英镑的贷款，还提出为有争议的德拉戈阿海湾（Delagoa Bay）铁路项目发放贷款。

政治大潮再次发生了转折。1879年祖鲁战争之后，英国消灭了祖鲁王国，解除了布尔人面临的最大威胁，但由于英国人统治德兰士瓦的三年期间，并没有按照承诺改善布尔人的生活状况，布尔人对英国的不满再次爆发。1880年12月16日，布尔人聚集并举行国民大会，宣布进行武装反抗，恢复德兰士瓦共和国，这被称为第一次布尔战争（或称"英布战争"）。第一次布尔战争的规模较小，经过不到三个月的战争，英国迫于布尔人强烈自治的愿望，不得已在1881年3月6日签订双方停战协议，并于8月3日签订了《比勒陀利亚协定》（*Pretoria Convention*）。

该协定规定，保证德兰士瓦可以建立在英国女王宗主权下的完全自治的政府，英国保持三项特权：控制德兰士瓦对外关系；保持对德兰士瓦同非洲部落关系的控制权；战时英军有权借道德兰士瓦。

战争下的银行

对于标准银行来说，这是一个焦虑的时期，对战争期间分支机构的命运充满担忧。电缆线遭到破坏，其他通信方式中断，但即使是位于莱登堡最远的分行也能每隔一段时间获得通过德拉戈阿海湾传来的消息，银行资产安然无恙。在海德堡（Heidelberg），经理将其硬币分成两部分，分别埋藏在不同的地方。在波切夫斯特鲁姆（Potchefstroom），布尔人占领了城镇，但是银行及其工作人员在布尔人势力强大的地方都受到了保护。

最有惊无险的一个事例是，布尔人向波切夫斯特鲁姆（Potchefstroom）的经理威廉·斯玛特（William Smart）出示了一张金额为1 000英镑、账户为"布尔贸易公司"（The Boer Trading Company）的支票，要求提款。斯玛特先生拒绝支付该支票，理由是这家公司并未正当成立，且未经其他股东同意，签署支票的双方没有权利将公司的资金出借用于战争目的，并且根据1866年旧的德兰士瓦法律，所有的现金交易在戒严令期间暂缓进行。斯玛特先生最终被逮捕，以叛国罪被判入狱。此后，克鲁格在街上遇见斯玛特先生时，与其握手致敬，表达他"对一位坚守岗位的英国人的敬意"。

在被紧紧围困的比勒陀利亚，银行的大部分职员被安排与比勒陀利亚的警察一起参与服役。A. G. A. 梅尔维尔（A. G. A. Melvill）先生［后来是东伦敦分行（East London）的经理］，当时是标准银行在德兰士瓦聘用的第一个职员。他回忆到，比勒陀利亚的职员白天做好日常的银行工作，晚上进行巡逻。城市被紧密包围，郊区有一些小规模的冲突。当局颁布了戒严令，要求所有的城市居民在傍晚时进入堡垒的营地，晚上城市里空无一人。分行的所有资产都要搬入堡垒，与军火一起被放置在地下。银行每天早晨营业一个小时，少量的黄金和白银从堡垒中被搬到营业地点，用于开展业务。只有政府支票可以兑付成现金。梅尔维尔先生作为出纳人员，一旦发现开火不得不立即收拾现金，迅速冲回营地。后来，城市的情况变得非常危险，就在堡垒的中心位置征用了一顶帐篷，由经理R. W. J. 约翰逊（R. W. J. Johnston）先生和其他不执行军事任务的职员每天开门营业一个小时。有时候，职员们需要迅速收拾起现金和凭据，转投到保卫行动中。这种状态一直持续到宣告和平。有一位名叫亚瑟·托马斯·科根（Authur Thomas Cogan）的职员在与比勒陀利亚的警察一起服役时，在一次突围中被杀，十分惋惜。

对于将德兰士瓦归还给布尔人，在此不宜为这一行为进行辩护或者予以谴责，但是从金融和经济的角度产生了立竿见影的影响，这是毋庸置疑的。在德兰士瓦被英国吞并后，对英国的信心以及随后加内特·沃尔斯里（Garnet Wolseley）爵士的允诺导致大量人员涌入和资本引进，农场数量增加，楼宇兴建，商业得到发展。但是，领土归还给布尔人导致不信任普遍增加，几乎引起恐慌，贸易停滞，商人们开始清算资产，准备离开这个国家，而地产和德兰士瓦证券几乎无法变现。德兰士瓦的部分债务人也明显无力或不愿向开普和纳塔尔的支持者偿债，另外还要履行领土归还前大量需要发往欧洲的订单，这些因素导致情况进一步恶化，对整个经济都产生了不良影响。

当时在德兰士瓦有两家银行——开普商业银行（Cape Commercial Bank）和标准银行。开普商业银行已有不少于40万英镑被锁定在地产上，其疲软的状态加剧了普遍存在的不信任，好望角银行已经接管了开普商业银行在德兰士瓦业务的清算工作，为业务撤退做好安排。标准银行在德兰士瓦的贷款余额也超过了40万英镑（包括向英国政府提供的大量贷款），12.7万英镑的现金储备和价值80万英镑的其他资产也处于危险之中。银行决定关闭远离市中心的三家分行，以清算在该地区的业务。

在归还德兰士瓦时，标准银行提供给英国政府用于德兰士瓦公共用途的贷款额达到了15万英镑。当时，英国政府企图把15万英镑的债务转移给新的政府。对此，米歇尔做出了激烈而有效的回应，表示德兰士瓦法律限制债务人为了躲避偿还债务而离开该国，因此威胁称将向最高法院申请禁令，在债务清偿前禁止行政长官伊富林（Evelyn）爵士及其他代表离开。施以重拳出击的战术生效了，英国财政部门同意了标准银行的要求，在伦敦偿还了这些债务。

在德兰士瓦共和国再次成为布尔人的自治国家后，标准银行在德兰士瓦未来的发展首先需要评估新的自治政府面临的困境。在英国短暂的执政时期，公共财政收入已提高到了每年18余万英镑，但是现在交还德兰士瓦后，自治政府恢复伊始就将背负沉重的债务，尤其是不得不重新招募一批公务员，财政收入从任何方面来看都将会减少。标准银行也认为有必要为自治政府设定一个透支限额。标准银行还需要考虑的风险是，自治政府成立一家拥有发行银行券或者其他银行业务垄断地位的国家银行的可能性。1881年，米歇尔在比勒陀利亚与"三头政治"领导人讨论过这一问题，这几位领导人热切希望标准银行留在德兰士瓦，并愿意由标准银行担任政府对口银行。当地一些重要人士提

> **"三头政治"**
>
> "三头政治"指的是第一次布尔战争结束时德兰士瓦的最高统治机构，当时由布尔人领袖鲍鲁斯·克鲁格（Paulus Kruger）、雅克布斯·皮特·约博特（Jacobus Piet Joubert）、马提乌斯·比勒陀利乌斯（Martius Pretorius）等三人组成。
>
> 1883 年 5 月，"三头政治"结束，由克鲁格一人担任德兰士瓦总统。

交了一份由其联名签署的请愿书，请求银行不要撤退，因为这将给该地区未来商业的发展造成严重的伤害。时任德兰士瓦副总统的鲍鲁斯·克鲁格（Paulus Kruger）也向银行保证，如果撤离德兰士瓦，银行将会后悔其决定的。但是，在对局势进行审慎判断之后，标准银行最终关闭了德兰士瓦除比勒陀利亚外的所有分支机构，减少了贷款，按兵不动等待时局变化。

尽管18世纪80年代德兰士瓦政府的财政状况十分糟糕，导致标准银行关闭了除比勒陀利亚以外的所有分支机构，但其仍继续向政府提供贷款。随后在巴伯顿、兰德等地发现了大量黄金后，标准银行的真诚获得了回报（具体见"第二章 驶入早期发展的快车道"之"第三节 黄金矿区的开拓"）。

第二节　战争与联邦（1896—1910 年）

本书第二章第三节介绍了兰德金矿。兰德金矿的重要意义在于，在非洲遥远腹地的一个内陆共和国发现了新的财富之源。这意味着，在铁路费率和关税这两个内陆国家最为弱势的问题上，共和国地位的崛起将对邻邦的政策产生决定性的影响。这对于集中掌握了对外贸易的沿海殖民地商人来说，也意味着他们将从德兰士瓦激增的贸易中大赚一笔，同时政府的关税与铁路方面的收入也将相应增长。尽管政治方面的竞争和嫉妒可能难免会加剧，但从长远来看，沿海和内陆地区日益紧密的相互依赖对走向经济和政治上的统一会起到相当大的作用。

实际上，南非的经济活动已经开始从沿海转移到德兰士瓦。如前所述，标准银行也敏锐地抓住黄金矿业发展带来的机遇，在1877年进驻德兰士瓦。但是，在1885年时，德兰士瓦仅贡献了标准银行8%的利润，而开普殖民地则贡献了86%。十年之后，随着黄金贸易和股票交易的繁荣，德兰士瓦对标准银行的利润贡献是40%，而开普殖民地下降到了48%。在伦敦，与采矿有关的铁路物资支出以及股息支付确保了标准银行稳定的现金流入，其吸收存款余额在1885年底为500万英镑，而在十年之后则增长到1 500万英镑以上。

早在1875年，标准银行已经带领南非在金融一体化道路上甩开政治一体化一大截，现在银行抓住机会继续往这个方向努力。在标准银行的影响力下，汇票一体化方面已经形成法律明文规定并得以巩固。1893年，在比勒陀利亚召开的铸币会议上，标准银行发挥了引领作用，此次会议是对整个南非统一造币的首次尝试。米歇尔被选为开普殖民地的代表出席了本次会议。出于对政治和金融的考虑，米歇尔代表开普殖民地坚定主张，统一的货币是"形成一个统一国家非常实质的步骤"所必需的。他的主张得到了纳塔尔和奥兰治自由邦的支持，但被德兰士瓦政府拒绝，理由是仅用于国内市场金币的生产成本可能会非常昂贵。铸币会议的失败令标准银行非常失望，因为这意味着政治（和经济）的统一还有很长的路要走。

詹姆森突袭

金矿的利润和税收使德兰士瓦共和国的经济得到飞速发展，布尔政府更加强大，而英国人则担心日益强大的德兰士瓦会严重威胁到英国殖民地计划的实现，英国人与布尔人之间的利益冲突导致摩擦日益严重。在开普殖民地总督塞西尔罗兹（Cecil Rhodes）的策划下，其得力助手詹姆森（Jameson）博士于1895年底对德兰士瓦发动了武装入侵，这在历史上被称为"詹姆森突袭（Jameson Raid）"。

在1896年1月1日公共节假日那天，埃德蒙德·托马斯（Edmund Thomas）退休，刘易斯·米歇尔成为标准银行唯一的总经理，那个时候他正在纽兰德（Newlands）观看板球比赛，一封电报带来了"詹姆森突袭"的消息。不久之后，来自其他边远分行的电报陆续涌入，请求标准银行允许把现金运送至更安全的地方；约翰内斯堡分行向米歇尔报告说，他们用沙包把守，由武装警卫保卫，做好准备；比勒陀利亚分行再次向总部保证，约博特将军已亲自保证将保护银行（也许是因为他有14 000英镑的存款在那里）。在伦敦，标准银行的股价下跌至55英镑，但是银行在南非的股价仍然很高，尽管有银行客户从约翰内斯堡转出了大约60万英镑，但在约翰内斯堡命运悬而未决的时候，标准银行还是从其他银行吸引了许多新客户，银行对自身维持无人能比的公众信任非常满意。

米歇尔强烈批评了这次突然袭击。在他的回忆录中，米歇尔没有探究突袭事件的背景："我只想补充一点，它加速了罗兹的死亡，也束缚了英国政府的手脚，使得两个白人种族互相疏远，并在后续的时间引发了一场历时三年的战争，并付出了巨大的鲜血代价。"罗兹和詹姆森的愚蠢行为对德兰士瓦的经济发展造成了严重的打击，也给整个南非蒙上了阴影。

突袭发生之后，罗得西亚（Rhodesia）、巴苏陀兰（Basutoland）和其他地方都爆发了本地人骚乱，部分地区还遭受了蝗虫、干旱、牛瘟等灾害的影响，所有这些令人不安的影响重叠在一起，导致失业人数和生活成本的进一步上涨，政治动乱的影响加剧，标准银行的业务停滞导致大量资金闲置。1897年可以被视作情况有所缓解的一年，货币需求量越来越大，为满足发展商业的资金需求，标准银行的活期存款额减少，贷款额增加。

在政治动荡和不利经济因素相结合的影响下，来自英国的资本流入停止，海外资金

詹姆森突袭

1890年，矿业巨头塞西尔·罗兹就任开普殖民地总理。当年12月28日，罗兹的好友及英国南非公司的高级职员詹姆森博士带领500名英国南非公司的警察及几挺机关枪，企图远征德兰士瓦，推翻德兰士瓦的鲍鲁斯·克鲁格政权。

1896年1月2日，詹姆森武装在克鲁格思多普被德兰士瓦的警察部队包围，除134人被击毙外，其余的人（包括詹姆森在内）全部被俘虏。在约翰内斯堡准备发动暴乱的"外侨改革委员会"连忙举事，但也被警察镇压。雅马森及其同伙被移交给英国，以"企图对友邦进行军事远征"的罪名判处15个月监禁。"外侨改革委员会"的首领被德兰士瓦法庭判处死刑，后来在英国的强烈抗议下，改为15年监禁和罚款。

的匮乏给银行带来了巨大的资金压力，使得贷款业务异常紧张，1898年标准银行增加了250 000英镑的实收资本和300 000英镑的准备金。生死攸关的1899年资金异常紧张，其他银行感受到资金压力，要求其客户偿还贷款，标准银行以非官方身份实际扮演了最后贷款人的角色，承担了这些银行要求还款的沉重压力。

詹姆森突袭事件后，布尔人和英国人的矛盾更加尖锐，政治紧张局势日益加剧，争取和平的努力未见成效，战争似乎近在眼前。德兰士瓦的居住人口明显减少。为了安全起见，许多银行客户将资金和贵重物品转移到海岸，银行挤兑，约翰内斯堡证券交易所关闭，德兰士瓦也禁止出口黄金，当局征用了标准银行金库中的生金（raw gold）。日渐逼近的战争给标准银行带来了一系列此前并非完全没有考虑过但迫切需要解决的问题。

出于安全考虑，德兰士瓦的客户源源不断地将资金和贵重资产转移到沿海地区，以至于标准银行在沿海地区的保险库很快就被填满了。奥兰治自由邦的国家银行也提出需要援助，该银行的储蓄存款实际上已经没有了，需要通过从标准银行获取资金以补充其储备金。为防止出现紧急情况，标准银行立

约翰内斯堡证券交易所

约翰内斯堡证券交易所（Johannesburg Stock Exchange, JSE）成立于1887年11月，是随着1886年兰德金矿带的发现应运而生的。成立之初主要是为金矿开发筹资，此后融资方向开始多元化，目前矿业股仍占相当地位，但工业和金融股已成为交易所的主角。

作为非洲大陆上股本额最大的有价证券交易市场，在约翰内斯堡证券交易所上市的公司市值占据全非洲上市公司总市值的75%。

即给予了该银行15万英镑的贷款。德兰士瓦的借款人担心，他们可能会突然被要求偿还贷款，而储户则询问标准银行，其存款和证券是否能在所有地区得到全额兑付。在约翰内斯堡，银行经理为工作人员额外购买了左轮手枪，还订购了铁制的百叶窗和更多的灭火器。一切似乎都说明战争即将爆发。标准银行决定，如果当局（无论是谁）可以提供合理的保护，特别是针对暴力的保护，银行将不放弃或限制任何正常的银行业务。

第二次布尔战争

"詹姆森突袭"发生之后，德皇威廉二世向德兰士瓦总统克鲁格拍发了一封著名的电报，表示祝贺。这一行为恶化了英德关系，同时使英国下决心以武力解决与德兰士瓦的争端。为了给德兰士瓦增加军事压力，英国从印度和地中海各自调派了两千人增援纳塔尔殖民地。

1899 年 10 月 9 日，克鲁格要求英军撤离德兰士瓦边境的最后通牒，遭到英国政府拒绝。1899 年秋，英国军队开始在德兰士瓦与自由邦边境集结，为防止英国入侵，布尔人于 1899 年 10 月 11 日对英宣战，布尔民兵由此向南非的英军主动发起攻击。

为征服仅有数十万人口的布尔人，战争持续了三年多，英国先后投入四十多万兵力，共阵亡两万两千余人。最终英国在战争带来的巨大损失与国际舆论压力下，于1902 年 5 月 31 日与布尔人正式签订了《弗里尼欣和平条约》（Treaty of Vereeniging），英国就此吞并了德兰士瓦和奥兰治两个布尔共和国，而布尔人全部沦为英国的臣民。

战争的窘境

对于标准银行来说，1899年至1902年期间的第二次布尔战争（又称"南非战争"）是一段痛苦的期间。标准银行既有英国的职员和客户，也有布尔的职员和客户。尤其是其职员经常被征召服役于对战双方。在弗雷堡（Vryburg），一名职员加入了布尔部队，而另一名职员为英国人而战死。标准银行在对战双方中竭力保持中立，不论职员国籍如何，其都试图帮助所有与军事当局有纠纷的职员。

战争爆发时，标准银行在德兰士瓦有11个分支机构，大多数银行职员被驱逐并用牛车运走。少量银行职员被允许留在德兰士瓦，并作为特别警员宣誓就职，以使他们能够保护标准银行的房舍。然而，德兰瓦士的分支机构与开普敦总部之间的通信完全中断。在战争爆发前不久，刘易斯·米歇尔有先见之明，经由德拉戈阿海湾前往比勒陀利亚，并将德兰士瓦分支机构的全部控制权交给一位熟知克鲁格及其官员的高级经理JJ. 格林德力·菲利斯（JJ Grindley Ferris）。开普和纳塔尔戒严法的宣布以及德兰士瓦实施限制，"把标准银行困在交战双方间"。在德兰士瓦，标准银行有硬币约350 000英镑，其中的150 000英镑被政府征用。同时，英国政府暗示，与敌人做生意可能被视为叛国。然而，标准银行坚决放弃政治立场并与冲突双方的客户打交道，不愿撤出德兰士瓦，也不愿失去其剩余的宝贵现金。

因弗雷堡和纽卡斯尔（Newcastle）这两个城镇被布尔人占领，标准银行在那里第一次感受到了战争的直接影响。到1899年10月底，19家分行与总部失去了联系。随着冲突浪潮的时起时落，标准银行的分支机构经历了关闭、重新开放和再关闭，为了保证安全，他们偷偷将现金运走或藏起来。在战争期间因被围困或占领而隔离的31个分支机构中，只有金伯利和弗雷堡分行几乎没有停止营业，马弗京（Mafeking）分行断断续续地营业，比肯斯菲尔德（Beaconsfield）分行转移到了金伯利，纽卡斯尔分行被关闭，其现金也被布尔人洗劫。在开普，70个分支机构中有55个分支机构被或长期或短期地关闭。

围困马弗京

在被布尔人包围的金伯利、雷迪
史密斯（Ladysmith）以及马弗京，当时
做生意极其冒险，而且存在货币供应
短缺。在金伯利，当地议员塞西尔·罗
兹没有参加围攻，以表示与选民的团
结。该地 1899 年 12 月末收到的第一条
消息称，所有最近派遣的通信员都被
杀害或被俘虏了，所以今后的资金转
账信息将由位于戴比尔斯的探照灯以

围困马弗京时的营业场所

摩尔代码等方式在夜间发送到莫德尔河 (Modder) 地区的机构进行业务处理。随着
围城的继续，现金储备因囤积而出现短缺。由于食物短缺，标准银行工作人员的
健康开始受到影响。就在金伯利解围的五天前，因为布尔人的克里索特大炮发射
的 100 磅炮弹，已经使该镇的所有地方都变得不安全，该地的分行不得不关闭。

在马弗京，分行关闭的消息，在 28 天后即 1899 年 10 月 14 日抵达金伯
利。标准银行在星期天继续营业，但这是唯一不会受到布尔炮击的一天。当
现金用完时，英国指挥官巴登—鲍威尔（Baden-Powell）发行了军票或 "Good
fors"，标准银行的经理对该军票进行会签。加里森存款银行 (Garrison Deposit
Bank) 应运而生，由标准银行的工作人员在一个壕沟进行操控，其接收 10 先
令以上的固定存款，在围城结束后可以不付利息偿还。

在雷迪史密斯，该地的分行在围攻期间保持关闭的状态，其储备金由英
军负责。经理的卧室被一枚重达 96 磅的布尔炮弹炸毁了。镇上的军需官在该
分行开具了价值 100 000 英镑的支票，且公司手头有四个月的收款，所以当该
分行于 1900 年 3 月 12 日在一片欢腾声中重新开张的时候，"生意很是兴隆"。

在波切夫斯特鲁姆（Potchefstroom），也就是标准银行在德兰士瓦最初开业
的地方，工作人员自己的钱都被偷了。这位经理报告说，"布尔政权的最后几个
星期完全可以说是恐怖统治时期。自由邦和其他地方的布尔政党显然没有负责任
的领导人，他们闯入商店和房舍，抢劫几乎成了家常便饭。"

布尔人

布尔人（荷兰语"农场主"），也称"阿非利卡人"，是南非和纳米比亚的白人种族之一。以17世纪至19世纪移民南非的荷兰裔为主，融合法国、德国移民形成的非洲白人民族。居住在南非四个殖民地的布尔人远远超过英裔白人的数量，他们具有相同的文化、宗教和语言，第二次布尔战争大大促进其民族认同的心理状态的形成，经历了长期演化和认同过程之后终于形成为一个民族，即阿非利卡人。

一般以南非联邦成立这一事件为分界线，之前被称作布尔人（Boers），之后被称为阿非利卡人（Afrikaners）。

战争对经济造成了严重损害。将英国国民驱逐出德兰士瓦实际上导致大部分金矿关闭，而金伯利被包围则阻止了钻石出口。洛伦佐·马可斯（Lourenco Marques）中立的港口成为德兰士瓦和自由邦的出口商品进入外部世界的通道。南非的出口从1898年的约2 550万英镑下降到1900年的850万英镑。标准银行因为与英国陆军军饷部之间排他且利润丰厚的服务合同，外汇业务的损失没有很严重，其他一些银行不得不向标准银行请求外汇帮助。

1902年5月，第二次布尔战争终于结束，但战争造成的极度混乱和破坏，导致经济在1903年至1908年停滞不前。到1907年，开普殖民地政府的收入已降至1903年的一半左右。标准银行认为有必要限制进口融资贷款，从而加剧了该国的财政困境。

联邦建立

第二次布尔战争旷日持久，双方精疲力尽，英国和布尔人逐渐取得共识，积极推进建立一个"统一的南非"。1910年5月31日，南非联邦宪法正式生效，开普、纳塔尔、德兰士瓦和奥兰治四个殖民地合并为"南非联邦"（the Union of South Africa）。

南非联邦的建立

1905 年，新上台的英国自由党政府允许阿非利卡人通过大选在德兰士瓦和奥兰治重新执政，建立自治政府。随后，阿非利卡人在开普殖民地的选举中也获成功，迫切希望建立一个"统一的南非"。对于战后的英国而言，它也希望尽快从南非的矿业生产和对外贸易中获得经济利益，以达到长期统治南非的目的。因此，建立一个"统一的南非"是英国人和阿非利卡人双方共同的愿望。

1908 年 10 月，四个殖民地的代表在德班讨论了建立南非联邦的问题，并起草了宪法草案。1909 年 1 月，英国议会正式批准了《南非法案》（*The South Africa Act*，亦称"联邦法案"）。1909 年 9 月，英国爱德华七世批准了该法案。1910 年 5 月，宪法正式生效，四个殖民地合并为"南非联邦"，以一个自治领的身份加入英国。

所有银行都赞成建立一个统一的南非，并为成为联邦政府的银行展开激烈的竞争。标准银行作为开普殖民地的政府银行，抱有很高的期望。尽管其他银行纷纷反对，认为标准银行已经承担了该国约66%的银行券流通量，但标准银行总经理在致伦敦的信函中表示，"开普敦总理强烈认为，我们银行是唯一可能成为南非统一中央账户的银行"。约翰·哈维尔·梅里曼（John Xavier Merriman）强烈主张采用标准银行，但路易斯·博塔（Louis Botha）和扬·克里斯蒂安·史末资（Jan Christiaan Smuts）代表德兰士瓦支持总部设在比勒陀利亚的南非国民银行（National Bank of the South African Republic Limited）。标准银行的管理层向伦敦报告称："……约翰·哈维尔·梅里曼……强烈反对将新的统一政府账户委托给南非国民银行。"

南非国民银行

1891年，由于巴伯顿和兰德金矿的发现，德兰士瓦政府决定以特许协议的方式设立了南非国民银行。该银行在20世纪初先后并购了奥兰治殖民地国民银行、非洲银行（历史最早可追溯到1838年）和纳塔尔银行。

20世纪20年代初，南非国民银行陷入困境，被巴克莱银行收购。1971年，巴克莱银行将南非银行重组设立巴克莱国民银行（Barclays National Bank Limited）。1986年，巴克莱银行将南非业务出售，次年更名为今天的南非第一国民银行（First National Bank of Southern Africa Limited）。

标准银行伦敦董事会的保守主义和对政治阴谋的厌恶，再次反映在其不与矿业公司、德兰士瓦及奥兰治争夺对奥兰治殖民地国民银行（National Bank of the Orange River Colony）的控制。1910年，当奥兰治殖民地国民银行深陷泥潭，布隆方丹政府在莱昂内尔·菲利普斯（Lionel Phillips）和角屋集团（Corner House Group）引导的矿业利益的驱使下，赞成让南非国民银行而不是"英国"标准银行收购该银行。伦敦方面再次拒绝批准管理层为奥兰治殖民地国民银行提出410 000英镑报价的提议，最终该银行以402 750英镑的价格卖给了南非国民银行。这意味着南非国民银行成为两个省份的政府银行，而标准银行只是一个省的政府银行。但这似乎并没有引起伦敦董事们的担忧，他们仍然认为开普是南非的经济中心。

在联邦成立之后以及整个第一次世界大战期间（1914—1918年），现有的银行布局并没有改变，四个银行保留了它们已拥有的政府业务——标准银行在开普、纳塔尔银行（Natal Bank）在纳塔尔、南非国民银行在德兰士瓦、奥兰治殖民地、国民银行在奥兰治自由邦（后被南非国民银行并购）。当奥兰治殖民地国民银行被南非国民银行收购后，作为应对措施，标准银行立即在奥兰治新设了8家分支机构。

罗得西亚的先驱银行

1892年5月，刘易斯·米歇尔与开普总督塞西尔·罗兹在格鲁特·舒尔（Groot Schuur）共进早餐，讨论标准银行在罗得西亚开展业务的可能性，当时那里还处于罗兹的英国南非公司的庇护之下。当时，德兰士瓦的财政实力不断增强，已经开始挑战开普殖民地的霸主地位，并威胁到罗兹将英国的影响力从开普扩展到开罗的梦想。

会谈结束后，罗兹和米歇尔驱车前往开普敦，在那里新开通的通往索尔兹伯里（Salisbury）[①]的电报线被清理了一个小时后，米歇尔与罗兹的私人代表詹姆森博士进行了交谈。交谈之后，米歇尔当场就决定派两名银行职员前往索尔兹伯里开设分行，并如期于1892年7月20日在罗兹的特许公司所在经营场地上的两个房间里开始运营。

<table>
<tr><td>

英国南非公司

罗兹的英国南非公司（British South Africa Company）在1889年10月成立，成为皇家特许公司。次年6月，由Leander Starr Jameson博士和著名的猎人Frederick Selous带领的200名经过特别审查的志愿者队伍从开普经由马塔贝乐兰向玛朔纳兰行进了上千英里，1890年9月12日在维多利亚堡（Fort Victoria）升起了英国国旗，然后是在索尔兹伯里，并梦想将英国影响力从开普一直扩展到开罗。

</td></tr>
</table>

索尔兹伯里（Salisbury）营业场所

---

① 现津巴布韦首都哈拉雷（Harare）。

初期的情况极其困难：英国南非公司的财务状况岌岌可危，玛朔纳兰（Mashonaland）的黄金前景暗淡，贸易量也微乎其微。邮差到达开普敦至少得用一个月的时间，而牛车在雨季寸步难行。疟疾盛行，马塔贝乐兰战争也即将爆发。

布拉瓦约（Bulawayo）营业场所

利文斯通营业场所

1894年，英国南非公司通过战争夺取了马塔贝乐兰，并取得了英国政府承认的管辖权，且将该地命名为罗得西亚。1894年5月4日，标准银行在布拉瓦约（Bulawayo）的一个小钟形帐篷里开设了办事处，然后于9月搬进了自己的大楼。布拉瓦约的银行业务状况要比索尔兹伯里（Salisbury）好得多。

1906年，当从开普出发的铁路延伸到北罗得西亚北部的布罗肯山（Broken Hill）时，标准银行迅速在附近的卡洛莫（Kalomo）开了一家分支机构。1907年，北罗得西亚的首都搬到利文斯通（Livingstone）之后，标准银行也迁到了那里。

南非主要邻国

德属西南非洲（今纳米比亚）：位于非洲的西南部，西濒大西洋，周边与今安哥拉、赞比亚、博茨瓦纳和南非接壤。1884年成为德意志帝国的殖民地。1915年，第一次世界大战爆发后，南非军队击败了那里的德国守军，占领了西南非洲全境，结束了德国的统治。1919年国际联盟将西南非洲交给南非进行委任统治。1949 年，南非议会通过《西南非洲事务修正法》，吞并了西南非洲。1968 年，更名为"纳米比亚"，并于 1990 年正式宣布独立，也就是今天的纳米比亚共和国。

贝专纳（今博茨瓦纳）： 1885 年，为了避免被南边邻国南非境内的布尔人并吞，英国应该地区的民众要求建立了"贝专纳保护地"，成为联合王国的一部分。1966 年，其脱离英国宣告独立，改名为博茨瓦纳共和国。

罗得西亚（今赞比亚和津巴布韦）：1888 年，罗兹从恩德贝乐（Ndebele）国王手上取得他们领土内的采矿权，随后在 1889 年替英国南非公司取得这里的领土权，并且在 1895 年时正式建立殖民国家罗得西亚（Rhodesia），这一名称是以罗兹的名字命名的。赞比西河（Zambezi）将罗得西亚分为南北两部分，北罗得西亚于 1964 年独立成为今天的赞比亚共和国，南罗得西亚于 1980 年独立成为今天的津巴布韦共和国。

尼亚萨兰（今马拉维）：位于非洲东南部，是个内陆国家。1884 年，纳入德国势力范围，不过第一次世界大战之后，德国战败离开。20 世纪 40 年代，英国企图将尼亚萨兰和南、北罗得西亚强行组成中非联邦，以利用尼亚萨兰人发展南、北罗得西亚经济。1953 年中非联邦成立，不过十年之后解体。1964 年，尼亚萨兰取得独立，改名马拉维共和国，并加入英联邦。

葡属东非（今莫桑比克）：位于非洲东南部，是葡萄牙在非洲东部地区殖民地的统称。葡萄牙在 1498 年首次到达东非海岸，并在此之后开始建设殖民据点。葡萄牙曾致力在当地植入葡萄牙文化。1951 年，葡属东非改为葡萄牙的海外省。1975 年，葡属东非宣布独立，也就是今天的莫桑比克共和国。

巴苏陀兰（今莱索托）：位于非洲东南部，为内陆国家，地处南非高原东缘德拉肯斯山西坡。1868 年，英国正式宣布巴苏陀兰为其"保护地"，并于 1871 年将其并入英国在南非的开普殖民地。1966 年宣布独立，定名为莱索托王国，实行君主立宪制，属于英联邦成员国，也是世界最大的国中之国。

斯威士兰：15 世纪后期，斯威士兰人由中部非洲和东非逐渐向南迁移，于 16 世纪定居于此地并建立起王国。1907 年，为避免布尔人对斯威士兰的入侵，英国将其并入其"保护地"。1968 年宣布独立，定名斯威士兰王国。

其他地区的布局

尽管经历了战争以及伦敦董事会的谨慎，标准银行仍然继续扩大其分支机构布局。在奥兰治，由于英国军队占领了布隆方丹，标准银行得以返回其30多年前被逐出的地方。高级专员米尔纳（Milner）邀请米歇尔前往布隆方丹，就如何重建奥兰治自由邦的财政问题向罗伯茨勋爵（Lord Roberts）提供咨询意见。1900年6月1日标准银行在克龙斯塔德（Kroonstad）开设了第二个分支机构，随后1902年进一步在哈里史密斯（Harrismith）、莱迪布兰德（Ladybrand）和维佩纳（Wilpena）开设了分支机构。许多难民在战争中逃至巴苏陀兰（Basutoland），作为英国政府的政府银行，标准银行跨过该国边境，于1900年在马塞卢（Maseru）开设了一个分支机构。

在北面，1901年4月，标准银行首次横跨赞比西，在尼亚萨兰（Nyasaland）的布兰太尔（Blantyre）设立分行，随后的5月，标准银行第100家分行在谢普斯敦港开业。1904年11月15日，标准银行在汉堡设立了代表处，随后于1905年2月1日在纽约设立代表处。南非联邦的成立是1910年的重大事件，在这一年标准银行也取得了重大发展，其中最引人注意的是进入东非，在蒙巴萨（Mombasa）和内罗毕（Nairobi）设立分行。

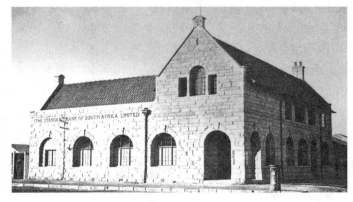

克龙斯塔德（Kroonstad）营业场所

马塞卢（Maseru）营业场所

布兰太尔（Blantyre）营业场所

蒙巴萨营业场所　　　　　　　　汉堡营业场所

第三节　联合与变革（1911—1934 年）

尽管《南非法案》存在政治缺陷，特别是没有考虑到该国大多数黑人的愿望和贫困的现状，但1910年南非的统一还是如期而至。南非的出口正在增长，贸易和商业已开始从1903—1908年的暗淡岁月中恢复过来。到1913年，南非联邦已经持续了三年的商业繁荣，随着1914年8月4日欧洲爆发战争，伴随着劳工动乱、干旱和战争，经济的发展再次受到阻碍。在这一时期，标准银行的业务基本相同，但是所处的环境却更加艰难。

第一次世界大战

联邦国家成立不久，战争浪潮袭来。第一次世界大战的爆发加剧了南非英裔白人和布尔人这两个白人群体之间的分歧。南非作为主权国家与德国交战，并且同意英国于1914年8月提出的南非军队应占领德属西南非洲的要求。反战派和亲德派支持的叛乱在1914年10月爆发。标准银行的内部通信再次中断，在暴乱地区的一部分分行不得不关闭，大约有300名职员执行了军事任务。在叛乱时期，即使是在被叛军暂时占领的城镇，标准银行也没有遭受直接的资产损失。

在西南非洲，由博塔（Botha）总理亲自指挥的南非部队攻入该地区，并于1915年4月中旬进入温得和克（Windhoek，为纳米比亚首都），使得西南非洲成为南非统治的一块新领土。三个月后，德军在克莱伯（Kleiber）无条件投降。1915年，标准银行覆盖的地域更加广阔。随着德国交出西南非洲，标准银行迅速进入这一区域，在温得和克、吕德利茨布赫特（Luderitzbucht）和斯瓦科普蒙德（Swakopmund）设立了分行。首当其冲的困难是找到合适的办公地点，尤其是斯瓦科普蒙德广遭掠夺和破坏，寻找合适的办公地点更加困难。最后，在与一家遭破坏的凯撒霍夫酒店（Hotel Kaiserhof）相连的三个外面的房间里顺利开业。银行职员面临的直接问题之一是语言：他们精通英语和南非荷兰语，但现在不得不用德语为客户服务。

欧洲战争在最初的18个月里，对于南非和其他国家而言，是一段混乱及逐渐调整适应的时期。在战争初期的许多预测都以出乎意料的方式证明是不正确的，每个人都遭受了损失，除了那些可以一如既往进行经营的行业，例如黄金矿业。1916年年中，前景变得清晰明朗。西部战线得到加固，战争由此前预计的短期战争转变为长期战争。1916年末，通货膨胀的要素正在累积。标准银行银

女性职员

标准银行的许多职员都自愿加入到战时服务中去，并且为了缓解人手短缺的问题，女性首次被雇用为临时女职员。1918年的流感大流行进一步减少了男性人数，到那时，标准银行已经出台了一项政策，规定服务三年的女性可以申请终身雇用。起初，女性职员结婚后不得不辞职，但随着时间的推移，这种限制逐渐消失。

行券的流通量超过了150万英镑，是自1902年以来的最高值。在伦敦，银行参考利率上升至6%，导致标准银行在比勒陀利亚支付给联邦政府存款的利率也相应上升（比银行参考利率低1.5%）。银行之间最终达成一致，在战争结束前不设立任何分行或代表处。

1917年，战争出现转折点，非洲土地上的战争开始停缓，商业活动的障碍减少，逐渐恢复正常。标准银行发放贷款的平均利率已经上涨至7%，利息总额比以前都要高。直到1918年末战争才真正结束，此时南非的经济已经变得更加自给自足，农业生产总体上超过了当地需求。同时，对外贸易的渠道也发生了巨大变化，美国的商品价格似乎普遍低于英国，从美国的进口超过了总额的25%，而在1914年的占比尚不足10%；南非对英国的出口占比也由89%变为仅占62%，而对美国的出口占比则由不足1%上升为17%。

战争结束，商业恢复正常的前景使标准银行考虑许多重要的问题。对南非的兴趣增加导致出现了许多海外咨询业务，银行的纽约办公室建议设立一个商业服务部，专门处理此类咨询业务。几乎同时，标准银行考虑在联邦成立"地方董事会"，但是最终决定，通过扩大总经理的权利，增加德兰士瓦、比勒陀利亚的副总经理人数，以满足当时银行的需要。关于将银行资本从625万英镑增加至1 000万英镑的建议一直迟延到银行对战后业务应当如何发展有更加清晰的想法后才得以实施。在开普敦，增建两层办公楼的规划形成，满足了急需扩大的办公设施需求。虽然汉堡代表处直到1921年才重张开业，但是银行与欧洲的贸易由于1918年11月在鹿特丹和7个月后在阿姆斯特丹的新办公室开业而得到加强（由于随后发生的萧条，这两家办公室在1923年底又被关闭）。

中央银行的成立

随着战争结束，以及与南非货币相关的英镑与美元兑换的松动，战时通货膨胀的程度可从物价普遍上涨中得到明显感知。但是由于国家绝大部分

贸易往来都是与英国发生的，南非货币的
兑换价值仍然以英镑为风向标。

南非是金本位制度，而当时以纸钞购
买黄金出现了大幅溢价，因此南非的金币开
始消失，一部分被囤积起来，一部分则不顾
出口限制令被运送到海外国家。对各大银行
来说，黄金的实际流失意味着它们必须持有
的、用于银行券兑付的现金储备减少。所以
它们不得不补充国家流失掉的黄金，而这么

> **金镑**
> **(gold sovereign)**
>
> 19 世纪初期至第一次世界
> 大战结束，在英国本土及其殖民
> 地流通的面值为 1 英镑的金币。
> 金镑当时是用储备黄金制造，其
> 含金量极高（接近 100%）。当
> 时 1 金镑等于 1 英镑。

做的唯一途径就是在伦敦以溢价购买金镑，再在南非亏本对外偿付。这种荒谬
的状态不可能长期持续，但是因为短时间内没有更好的解决方案，银行不得不
对自身业务加以限制，使之与减少的准备金相匹配，然而这个妥协方案依然难
以避免在伦敦溢价购买金镑带来的损失。为了打破这个僵局，实现国家货币和
信用更长期的稳定性，南非于1919年10月召开了黄金大会，第二年又召开了货
币大会。

黄金会议没有对建立南非中央银行的可行性表示意见，但建议以统一
的银行法取代在不同省份实行的法律。由此产生了《1920年货币和银行法
案》，该法案还决定建立南非储备银行。南非储备银行于1921年6月30日开
始营业，享有发行钞票的独家代理权，在1922年发行了第一张纸币，并在
1924年承担了所有银行券的债务。

南非储备银行第一次董事会会议上，行长对银行的总体方针做了详细
阐述。他说，银行的主要目标是规范信贷和货币走势，目的是恢复货币的金
平价基础，因为"我们都必须承认，当一个国家的货币和相对其他国家的外
汇价值还低于其金含量时，其财政状况肯定是不健康的"。至于何时能实
现，《1920年货币和银行法案》规定，黄金出口限制应于1923年中时停止。
届时是否重新颁布限制令很大程度上将取决于储备银行近期采取的措施。恢

复金平价最直接的做法是严格限制信贷，并实行总清算。这样的方式本身是有争议的，但是在当时的状况下并不适合采取成本更高昂的方案。

经济衰退和银行业自救

20世纪20年代初，全球经济处于大幅度通缩性衰退中，南非也再次深陷经济衰退的泥潭。各经济部门都感受到经济困难，1920年12月23日，标准银行的职员首次举行罢工，要求承认他们的工会，即早在四年前就成立的南非银行职员协会。在远在伦敦的董事们的支持下，吉布森（Gibson）拒绝了罢工者的要求，直到史末资（Smuts）威胁要采取立法行动，政府才成立了一个仲裁法庭，其裁决构成了银行职员未来几十年薪酬和工作条件的基础。在矿业方面，战后经济萧条引发了兰德金矿罢工以及戒严令的宣布，这导致金矿和煤矿的工资下降。兰德罢工在1922年被残酷镇压，当时它掠夺的生命是第一次世界大战中整个西南非洲战役的两倍。

兰德罢工

福德斯堡 (Fordsburg) 是约翰内斯堡的一个重要矿区，处于兰德罢工的中心。1922年3月7日，福德斯堡罢工突击队强迫标准银行的分行无限期关闭。3月10日星期五，武装罢工者大规模地聚集在市场，在那里矿工、民兵和警察之间爆发了战斗。分行经理麦吉利夫雷（MacGillivray）向比勒陀利亚报告如下：

"一个步枪手在我的窗户旁边挥舞着他的武器，另一个在我们的前门，还有另外两个在街对面的商店拐角处，在薄荷路的所有街角都有步枪和左轮手枪开火，所有的枪炮都是向南朝鲁滨逊矿山废石堆的方向发射的。"

中午时分，罢工者已经控制了市场广场的公共厕所，他们把它变成了碉堡……战斗持续了一整天，直到下午7点左右警察退到罗宾逊矿场废石堆时才停止，至此，罢工者占领了福德斯堡。

3 月 14 日星期二，政府部队向警察伸出援手，而警察局已被烧毁。政府采取了严厉措施来恢复秩序。在其他中心的叛乱被镇压之后，福德斯堡罢工者投降了。截至 3 月 15 日，由于罢工行动，除弗里德多普（Vrededorp）和福德斯堡分行之外，在兰德的所有标准银行分行都暂时关闭了。福德斯堡分行于 3 月 16 日重新开始营业，除了 13 磅的大炮炮弹对房顶造成了一些损坏外，其房屋完好无损。在兰德罢工中，大约 200 人丧生，其中包括大多数罢工领导人，数千人受伤。

经济衰退也影响到了规模较小的银行，包括成立于1891年的非洲银行公司（African Banking Corporation）。非洲银行公司接管了已经倒闭的好望角银行的部分办公场所和业务，但由于缺乏资金和领导能力而陷入困境。为了挽救非洲银行公司，标准银行收购了非洲银行公司，因此而增加了750万英镑资本和69家分支机构。

另一家陷入困境的银行是南非国民银行。根据斯图尔特·琼斯（Stuart Jones）对南非两家"帝国银行"的研究，南非国民银行的成立是出于政治而不是商业原因，其董事与德兰士瓦共和国和联邦政府的成员都有密切合作。自第一次世界大战结束以来，南非国民银行已经放弃了"谨慎追求权力"以及在全国各地开设分行的政策；在经济衰退袭来时，发放宽松的贷款也随之反弹。1923年6月，南非储备银行和政府被迫出手拯救南非国民银行，"以减轻储户的恐惧"。自1921年以来，一直与南非国民银行谈判的伦敦的巴克莱银行（Barclays Bank）已正式走上正轨，在1926年说服英国的殖民地银行（Colonial Bank）接管了南非国民银行和英

非洲银行公司

1890 年，非洲银行公司由劳埃德银行（Lloyds Bank）、国民地方银行（National Provincial Bank）、威斯敏斯特银行（Westminster Bank）和标准银行共同成立。银行总部设在伦敦，主要在南非开展业务。1920 年，标准银行收购了非洲银行公司。

巴克莱银行

巴克莱银行，全球规模最大的银行及金融机构之一，总部设于英国伦敦。巴克莱银行于1690年成立，是英国最古老的银行，具有逾300年历史，是全世界第一家拥有ATM的银行，并于1966年发行了全英第一张信用卡，1987年发行了全英第一张借记卡。其在英国是位于汇丰银行(HSBC)之后的第二大银行。

巴克莱银行在世界范围内业务的扩展是1925年开始的，三家拥有巴克莱银行股份的银行进行了合并，这三家银行是：殖民银行、英国埃及银行、南非国民银行。新的巴克莱银行的业务活动主要在非洲、中东地区和西印度地区开展。1954年，银行的名称更改为巴克莱银行（自治、殖民地和海外）以适应变化的经济和政治形势。

国埃及银行（Anglo-Egyptian Bank），形成巴克莱银行（自治、殖民地和海外）〔Barclays Bank（Dominion，Colonial and Overseas）〕（以下简称巴克莱银行），收购了南非境内大约300家分行的网点。拥有雄厚的资本基础和来自伦敦的谨慎管理的巴克莱银行，之后成为标准银行最激烈、最持久的竞争对手。

巴克莱银行收购南非国民银行是英国银行业地域扩张的另一个阶段。这是南非银行业合并运动的直接结果，也是兰德和金矿开采业崛起的间接后果，而金矿开采业的崛起则成为南非国民银行发展的推动力。"金矿行业的寡头垄断倾向于鼓励银行业的寡头垄断。"

金本位制度危机

英国在1931年决定脱离金本位制。鉴于南非在黄金上有着巨大利益，以及南非货币与英镑有着直接的、迄今依然没有被打破的关系，南非对此的反应更显得令人瞩目。政府坚持沿用金本位制，各大银行则静静地等待从伦敦发来的英镑官方报价，再相应地调整自己的汇率。政府仍然坚持把黄金作为货币。

金本位制

金本位制就是以黄金为本位币的货币制度。在金本位制下，每单位的货币价值等同于若干重量的黄金（即货币含金量）；当不同国家使用金本位时，国家之间的汇率由它们各自货币的含金量之比——金平价来决定。在历史上，曾有过三种形式的金本位制：金币、金块本位制、金汇兑本位制。

第一次世界大战前的国际货币体系，是典型的国际金本位货币体系。这个国际货币体系大约形成于 1880 年，延续至 1913 年。它是在资本主义各国间的经济联系日益密切、主要资本主义国家实行金币本位货币制度之后自发地形成的，其形成基础是英国、美国、德国、荷兰、一些北欧国家和拉丁货币联盟等实行的国内金币本位制。第一次世界大战期间，各国实行自由浮动的汇率制度，汇价波动剧烈，国际货币体系的稳定性不复存在，于是金币本位制宣告结束。

第一次世界大战以后，资本主义世界曾出现了一个相对稳定的时期，主要资本主义国家的生产都先后恢复到战前的水平，并有所发展。各国企图恢复金本位制。但是，由于金铸币流通的基础已经遭到削弱，不可能恢复典型的金本位制。当时除美国以外，其他大多数国家只能实行没有金币流通的金本位制，这就是金块本位制和金汇兑本位制。

金块本位制和金汇兑本位制由于不具备金币本位制的一系列特点，因此，也称为不完全或残缺不全的金本位制。该制度在 1929—1933 年的世界性经济大危机的冲击下，也逐渐被各国放弃，纷纷实行了不兑现信用货币制度。

从一开始，标准银行就持高度怀疑的态度，认为各银行将无法为国家的日常贸易交易提供融资。黄金仍然以票面价值流通，结余相应减少，这必然造成国家流动资本的资金随之外流，而且还可能会因为投机活动而流失得更为严重。市场预测倾向于认为，要么英国回归金本位制，要么南非货币将跟随英镑贬值的步伐。有人建议政府应该规定南非储备银行的银行券只能以金条兑现，从而采取金块本位制，但财政部部长未采纳这一建议。

在北罗得西亚和南罗得西亚，10月12日都放弃了金本位制。此举还给标准银行带来了很多会计和外汇方面的新问题。这其中最为紧急的问题是当罗得西亚放弃金本位制后，流通中的标准银行罗得西亚银行券一夜之间就贬值了，而标准银行只有差不多一个周末的时间，用新的银行券替换流通中的银行券。

南非储备银行也面临着巨大的压力，其在伦敦的黄金储备在几周内下降了50%以上。然而，政府仍然态度强硬，迫使标准银行和巴克莱银行捐助500万英镑，以建立一个英镑"池"；如果南非储备银行需要支撑金本位，其可以在这个"池"中提取资金。财政部部长拒绝干预，直到储备银行的英镑供应耗尽。

尽管标准银行与政府的意见存在严重分歧，但其与巴克莱银行于1932年5月又为国家提供了一笔200万英镑的（联合）贷款；几个月后，标准银行又提供了另一笔50万英镑的贷款。在这一年中，政府坚持自己的立场，但在12月29日，最终宣布南非已经废弃了金本位制。

境外业务的进一步扩张

在第二次布尔战争之后，许多贫穷的和幻想破灭的南非人为了寻求更好的生活而移居东非。标准银行在蒙巴萨和内罗毕开设了分行之后，又于1912年在埃尔多雷特（Eldoret，现在的肯尼亚）开设了一家分行，吸引了南非的定居者。由于埃尔多雷特位于赤道以北，所以标准银行的公司章程必须修改，以允许其在该地开展业务。标准银行在比属刚果和桑给巴尔也进行了尝试，但都没有成功。1912年，标准银行在乌干达的坎帕拉（Kampala，为乌干达现首都）开设了一家分支机构，并在葡属东非制糖业很繁荣的维拉·丰特斯（Villa Fontes）设立了办事处。1917年，标准银行在乌干达的另一个分支机构在锦嘉（Jinjia）开业。

1919年，东非货币局在伦敦成立。东非货币局发行纸币和硬币作为当地货币，反对用英镑支付。1921年，标准银行任命了东非分行的一名主管，他报告说，货币局没有为贸易提供便利，反而阻碍了肯尼亚、乌干达和坦噶尼喀（Tanganyika）的贸易。1926年，为了方便，东非分行的管理从南非转移到伦敦。不过，在英镑货币区葡属东非的分支机构和业务仍在开普敦的控制之下。

埃尔多雷特（Eldoret）营业场所

维拉·丰特斯（Villa Fontes）营业场所

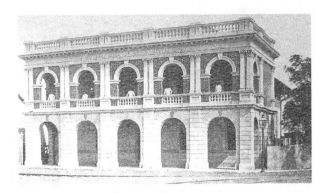

贝利亚（Beria）营业场所

第四节 第二次世界大战前后（1929—1952年）

如果说1932年在财政上被视为南非有史以来最糟糕的年份之一，那么1934年情况已开始好转。虽然南非经济严重依赖黄金出口，但第二产业在整个20世纪30年代都有所增长，部分归因于国家主导的举措（如发展钢铁公司，即南非钢铁公司，Iscor Ltd.）和精心制定的鼓励制造业的政策。但是，像过去的历史一样，随着战争乌云聚集在欧洲上空，这个国家的繁荣也取决于其他地方的事态发展。

"大萧条"

1929年美国开始的经济大萧条严重影响了南非。经济危机中各行各业的急剧下滑主要是由于商品价格下跌引起的。面对物价下跌和交易减少，标准银行审慎地整合和管理资源。固定存款利率相对较高，银行资金成本高，压缩了贷款发放，因此也引起了议会内外的普遍不满。钻石业萧条，其销售量和出口量削减至一半以下。但是，金矿起到了补救作用，黄金产量连续七年创下纪录。钻石业萧条正好给金矿行业提供了大量本地劳动力，南非经济越来越明显地依赖黄金作为主要支柱。1931年，大部分商品价格进一步下跌。玉米总产量和亩产量下降自1925年以来的最低水平，农产品出口量和土地价格（土地通常占农民总资产的70％或80％）再次大幅下跌。

1925年恢复金本位，一直坚持到1931年，1932年又放弃金本位。因此，1932年价格继续下跌，贸易仍然萧条。更糟糕的是，一场罕见的旱灾让南非措手不及。玉米产量不足1 000万袋，与灾年1916年、1925年相似，许多农民为了获取现金而被迫出售农作物。失业率上升，工资下降，初级生产者深陷窘迫。资本流出联邦，资金从建筑行业撤出使建筑业发展几乎停滞。进口大幅下滑，股票价格低，破产率很高。羊毛行业经历了史上最艰难的时刻。标准银行也难以独善其身。但是，黄金再次力挽狂澜，金矿吸收了大量失业人员，充足的本土劳动力也有助于金矿业新的发展，黄金产量再次创下纪录。1932年10月，新闻界报道了波切夫斯特鲁姆（Potchefstroom）郊区发现主要的矿脉。《黄金十字架》（Cross of Gold）公布南非镑将很快与英镑平价，当地农产品价格立即上涨，市场逐渐全面活跃起来。在过去十五个月中撤出南非的资金大部分都回归了，最初处于闲置状态。银行业在储备银行的存款增加到2 000多万英镑，是有史以来的最高值。

经济大萧条
(Great Depression)

1929年至1933年之间全球性的经济大衰退。大萧条是第二次世界大战前最为严重的世界性经济衰退。大萧条的开始时间依国家的不同而不同，但绝大多数在1930年起，持续到30年代末，甚至是40年代末。大萧条是20世纪持续时间最长、影响最广、强度最大的经济衰退。

在21世纪，大萧条常被立为世界经济衰退的标杆。大萧条从美国开始，以1929年10月24日的股市下跌开始，到10月29日成为1929年华尔街股灾，并席卷了全世界。大萧条对发达国家和发展中国家都带来了毁灭性打击。人均收入、税收、盈利、价格全面下挫，国际贸易锐减50％，美国失业率飙升到25％，有的国家甚至达到了33％。

全世界各大主要城市全部遭到重创，特别是依赖重工业的地区。许多国家的建筑工程在实际上无法进行。农产品价格下降约60％，重击农业。由于没有可替代的工种，第一产业中的经济作物、采矿、伐木等部门受到的打击最为沉重。有的经济体在20世纪30年代中期开始恢复。大多数国家直到第二次世界大战结束后才喘了过气来。

第二次世界大战

在第二次世界大战中，南非本土远离战场，只有个别的轴心国潜艇曾游弋于南非附近海面。有利的地理位置使南非成为盟国的大后方和供应基地。南非战时内阁总理史末资在大战中表现异常活跃，曾派遣军队参与四条战线的作战：东非战役、利比亚战线、意大利战役和马达加斯加岛。

第二次世界大战胜利后，南非以胜利者的姿态要求解决西南非洲（纳米比亚）问题，但未获得联合国的支持。1949年，南非议会强行通过《西南非洲事务修正法》，直接吞并了西南非洲（纳米比亚）。

南非国家党

南非国家党成立于1914年，创始人为阿尔伯特·赫尔佐克（Albert Hertzog）将军，主要由阿非利卡人组成。

南非国家党从1948年开始连续执政五十年；1999年大选中沦为第四大党，只在西开普省与民主党联合执政；2004年大选惨败，并于2005年解散。

1933年的最初几个月，约翰内斯堡证券交易所出现了前所未有的繁荣。财政恢复，铁路交通、建筑等重点行业全部恢复了生机，但零售行业略微滞后于这场全面的复苏。钻石销量下降了26个百分点，但价值上涨了26个百分点。黄金产量下降，但总值从4 900万英镑增加到6 700多万英镑。羊毛贸易势头很好，价格高，滞销量小。1933年下半年羊毛平均出口价格为每磅10.51先令，一年前的价格是每磅4.27先令。情况肯定是在慢慢好转。信托公司和私人开始有大笔的钱可供投资，低利率把海外的投资热钱带到南非，同时大型出口公司直接在伦敦市场获得融资。这一年，标准银行的贷款大致分布在以下几个行业：农业三分之一，零售业七分之一，批发业八分之一，个人和专业客户十分之一，工业和制造业十二分之一。

战争及战后初期的业务

第二次世界大战为南非带来了新的经济机会。英国承诺以溢价购买该国的羊毛，同时还以英镑支付购买黄金。政府利用食品、服装和鞋类激增的需求，成立了工业发展公司（Industrial Development Corporation），为新企业提供资金。由于政府一直在印钞票以支付特殊支出，因此并不缺少流动性。包括进出口管制的战时法规带来了诸多不便，征兵入伍也造成了人员严重短缺，但标准银行面临的主要挑战是如何使其增加的资源得到充分利用。

在战争期间，南非对同盟国做出了具有重要战略意义的贡献。在地中海对盟军航运关闭之后，开普航线成为北非和亚洲部队的重要补给来源，开普敦和德班为大量过往船只提供了给养。南非还是盟国战略矿物和铁产品的主要供应国。尽管黄金仍然是最重要的产业，但煤炭开采和制造业的规模几乎翻了一番。然而，标准银行并不认为这场战争会有长期的影响。在弥尔顿·克卢（Milton Clough）的一份报告中，强调了财政部部长的警告：鉴于世界冲突的破坏性后果以及国防方面的大量开支（其中50%的开支必须靠借款才能得到满足），繁荣的状态是虚假的，"因为这个国家在战后必然会更穷"。

随着1944—1945年战争的结束，标准银行将注意力转向了战后的前景。所有的农民都从食品短缺中获得了繁荣，但标准银行认为，黄金仍然是该国经济稳定的基石。《布雷顿森林协议》（Bretton Woods system）确保了金属作为全球价值标准的地位，从而加强了这种信念。

1949年，南非镑出现大幅贬值，这使黄金价格提高了近50%，投资者对新政府的民族社会主义倾向感到担忧：移民减少了，紧

第二次世界大战纪念碑

第二次世界大战回忆录

标准银行发布了1 350多名第二次世界大战期间全职现役的男性工作人员，其中有121人在战斗中阵亡。一名平民在伦敦的一次空袭中丧生。死者的名字被记录在标准银行位于开普敦的前总部的一个石碑上。1952年出版的一部回忆录记载了所有在医疗队服役的标准银行职员的姓名。

南非首都

南非拥有三个首都：行政首都（中央政府所在地）为茨瓦内（Tshwane），立法首都（议会所在地）为开普敦，司法首都（最高法院所在地）为布隆方丹。

茨瓦内原名比勒陀利亚，是南非的政治决策中心兼行政首都，也是原德兰士瓦共和国的首都，因为兰德金矿的发现而得以迅速崛起。

国民银行 (Volkskas Bank)

1934年成立于南非，初期是一家企业贷款银行，后于1941年转型为商业银行。1991年，国民银行与联合建屋协会（United Building Society）、联盟建屋协会（Allied Building Society）和信托银行（Trust Bank）合并成为南非联合银行集团（Amalgamated Banks of South Africa），成为南非最大阿非利卡银行。

张的资本逃离了该国。尽管政府的这一改变对标准银行没有立即产生影响，但到1950年底，标准银行开始感受到亲民族主义的国民银行的存在。到1952年，国家党执政已有四年，并开始先后将政府和半官方账户从标准银行和巴克莱银行转移到国民银行。然而，标准银行仍然认为巴克莱银行是其主要竞争对手。

第二次世界大战后非洲工业和商业发展的急剧增长。标准银行在非洲战后不断增长的业务量，可以根据其分支机构数量的增长来衡量，即从1945年的390家增长到1953年的600家，再到10年后的近900家。1945年其资本和准备金为550万英镑，到1953年已增至1 400万英镑。

尽管标准银行和巴克莱银行在20世纪50年代继续主导着南非的银行业务，但它们发现自己受到了国民银行越来越大的压力，以及荷兰银行所施加的较小程度的压力。1945年，这两家"帝国银行"的活期存款占比高达94%，到1961年时这一比例下降到81%，而国民银行的存款比例则从2.5%上升到了12%。

罗得西亚和尼亚萨兰的业务扩张

第二次世界大战对南非北部邻国——南北罗得西亚和尼亚萨兰的经济产生了深远的影

响。铜及其他基础矿产需求快速增长，进口替代的需求刺激了第二产业的发展。这些发展的势头使南北罗得西亚和尼亚萨兰进入空前的、几乎涉及所有产业的战后扩张时期。

铜产量增加以及电解精炼占总产量的比例较高，直接促成了北罗得西亚的繁荣，该地区的出口总值从1944年的1 200万英镑增长到1952年的8 200万英镑，这也充分说明了战后商品价格的调整。在同一时期，南罗得西亚的出口从1 400万英镑增加到4 400万英镑。尼亚萨兰的出口增长不太明显，尽管如此，尼亚萨兰的三大主要出口商品——茶叶、烟草和棉花在价值和数量上都呈现上升趋势。

工业企业主要被吸引到了南罗得西亚，制造业企业的数量从1944年的330家增加到1955年的703家，总产量从1 064.1万英镑增加到6 187.1万英镑。除有色金属的冶炼和精炼之外，北罗得西亚最重要的工业还有水泥制造、谷物碾磨、伐木、烘培和糖果加工。在南罗得西亚，工业的范围更广泛，包括鞋子和衬衫、圆珠笔和收音机、肥皂和钢铁构件。南罗得西亚工业发展的重要事件是1943年在卡多马（Gatooma）建立了第一座棉纺厂，并于1948年在柯·柯（Que Que）开设了第一座鼓风炉。这两个项目都是由南罗得西亚政府发起的，后来转让给了私人企业，

罗得西亚和尼亚萨兰联邦

第二次世界大战以后，非洲的殖民地纷纷要求独立。其中也包括了英属的北罗得西亚、南罗得西亚以及尼亚萨兰这三个地区。为了平息当地逐渐高涨的独立声浪，英国政府将此三地合并为"罗得西亚与尼亚萨兰联邦"（又称英属中非联邦），于1953年8月1日正式成立。

由于三个地区人们的反对，这个联邦仅维持了10年，于1963年12月31日解体，后来陆续分别独立，成为今日的赞比亚、津巴布韦和马拉维。

南罗得西亚索尔兹伯里（Salisbury）营业场所

达到了拉动投资棉纺织业和钢铁制造业的目的。

标准银行的存款反映了三地商业的快速增长。三地的存款在八年内从1 200万英镑增长到3 800万英镑。战后贸易和工业的扩张使标准银行资产盈利的机会增大，到1952年，贷款超过了1 700万英镑。标准银行开设了5个新的分支机构，使该区域的分支机构总数达到32个，其中南罗得西亚18个，北罗得西亚10个，尼亚萨兰4个，职员人数从362人增加到901人。1950年，在一名总经理的主持下，一个单独的行政部门在索尔兹伯里（Salisbury）成立，三年后聘任并建立了一个"地方董事会"，由此可见该区域对标准银行的重要性在日益增加。

东非业务的继续扩张

在东非，战争导致部队粮食需求的增长为经济增长带来了现成的市场。战后，大批新定居者涌入——商人和专业人员，并带来了专门知识和投资资本，商业迅猛发展，直接结果是大量进口商品通过蒙巴萨进入东非。港口和铁路的拥塞导致了对进口货物的控制和调整，并促成了1951年建造新的深水泊位和码头的计划。同样，航空运输增长超过了内罗毕机场的负荷量，新的机场也正在建设之中。

在战后几年里，标准银行在东非地区开设了六家新的分行，其中三家在乌干达——分别位于马萨卡（Masaka）、姆巴莱（Mbale）和索罗提（Soroti），以满足保护国棉花和咖啡种植重要性日益增强的需求。在肯尼亚的内罗毕，第二家分行在1952年开业，以缓解德拉米尔大街（Delamere Street）分行多年来独当一面的压力。在坦噶尼喀（Tanganyika）的纳纽基（Nanyuki）地区，移民和军事机构越来越多，因此在1948年从代表处转为一家完整的分行。

肯尼亚经济发展迅速，需要获取大量的资金。除了增设代表处和分行外，标准银行于1947年采取了另一种扩张形式，即成立标准银行金融开发股份有限公司(Standard Bank Finance and Development Corporation Ltd.)，其初始资本为50万英镑，后来又增加到100万英镑。

1948

Standard Bank

第四章
凤凰涅槃奔新生

−1987

 Standard Bank

第一节　南非标准银行的设立与上市

1862年成立后的前100年间，标准银行在南非的业务决策一直由伦敦总部的董事会作出。这不是一个能够促进高效决策的安排。随着第二次世界大战后非洲经济快速发展、政治环境迅速变化，标准银行着手进行了一系列改革。

设立南非标准银行

首先改革的是伦敦的董事会。一直以来（除1863—1864年短暂的时期外），伦敦的董事会都是采用轮值制，每位董事轮流担任主席，每周轮换一次。这种机制利弊兼具，但是随着非洲工商业迅猛发展，一系列详细提案向伦敦提出来，并要求伦敦对这些提案快速做出决策，这对董事们提出了新的艰巨要求，导致不可能用传统的程序来处理。因此，标准银行决定任命一位永久性的全职主席。1952年，已经是董事会成员的弗雷德里克·李滋罗斯（Frederick Leith-Ross）爵士担任这一职务，成为全职董事会主席。

除了董事会的改革，对非洲分支机构的组织结构进行改革也是大势所趋。1945年至1952年间，不仅南非联邦第二产业的产出翻了一番，而且南北罗得西亚和东非的经济明显进入了新的发展阶段，导致对银行服务的需求大增，交易量不断攀升。标准银行不仅需要更大的办公场所和更多员工，更重要的是，还需要下放权力。特别是南非，接受更大程度的地方自治的条件已经成熟。董事会决定进行"旨在满足非洲形势变化要求"的组织结构改革。

1953年，李滋罗斯爵士来到南非，开始组织结构改革。南非董事会在约翰内斯堡成立，并开始全面负责管理监督南非、西南非、高级属地委员会和东非葡萄牙殖民地的业务。在银行有着长期工作经验的拉尔夫·吉布森（Ralph Gibson）担任南非董事会的董事长。同时，还在开普敦成立了董事会，负责开普省和西南非洲的业务；在索尔兹伯里市成立了董事会，负责罗得西亚和尼亚萨兰的业务。

随着钻石和黄金产业的发展，南非的政治和经济重心已不可逆转地从南向北转移。标准银行摒弃其悠久的传统，决定转移在南非的中心行政机构。1953年，银行将其行政总部从开普敦迁到国家政府及储备银行和其他银行的所在地比勒陀利亚，而在开普敦仍然保留一个办事处来处理相关业务。南非董事会每两周轮流在比勒陀利亚和约翰内斯堡举行一次会议。1959年，标准银行总部再次迁至该国的经济和金融中心约翰内斯堡。

适应南非变化最重要的改革是剥离南非和西南非洲的业务。由于种族隔离政策，南非在国际社会中越来越不受欢迎。鉴于当时南非的执政党以阿非利卡人为主的国家党，而阿非利卡人与英国之间的隔阂较深，标准银行因为与英国的关系而再次受到指责。

让标准银行变得更"南非化"，从经济和政治意义上讲都是一种谨慎的做法。但它没有阻止客户从标准银行和巴克莱银行向所谓更"本土的"的国民银行和新成立的信托银行转移。政府的支持者仍继续煽动反对外国银行的情绪。尽管标准银行指出，如果没有标准银行和其他银行引入的外国资本，南非的经济就不可能快速增长，但这一切都是徒劳无功的。1961年，开普敦的北阿利瓦尔与众多国家党控制的自治区一样，将其账户转移到国民银行，理由是国民银行是"唯一真正的南非银行"，因此"有权从事地方机构的业务"。

考虑到与南非的关系可能对非洲其他地区的业务产生不利影响，伦敦董事会建议将"南非"从标准银行的官方名称中删除。南非董事会在1960年2月的一份备忘录中对该项提议提出了反对。1961年，伦敦方面又重新讨论了这个问题，而这一次，南非的董事会做出了更加强烈的回应。南非董事会的情绪并非仅仅由"爱国主义"激起：管理层估计，在共和国内的政治和经济条件下，将南非从标准银行的名字中除掉，可能会导致标准银行贷款额和资产至少减少15%，这相当于6 500万兰特，并且会导致低于法律规定的30%的流动性比例。几个月后，标准银行伦敦总部决定采取"剥离"措施。

在标准银行成立100周年之前的几个月，股东投票决定将标准银行在南非和西南非洲的业务转移到一家新设立的全资子公司——"南非标准银行有限公司"（The Standard Bank of South Africa Limited），而伦敦母公司则更名为"标准银行有限公司"（The Standard Bank Limited）。本书中，为保持一致性，总部位于伦敦的标准银行，统称为"标准银行"，从伦敦剥离出来的南非标准银行有限公司，统称为"南非标准银行"。标准银行在高级专员公署领地(巴苏陀兰、贝专纳和斯威士兰)和葡属东非的分支机构仍在伦敦母公司的控制之下，但继续由南非标准银行管理。1962年10月13日，在标准银行成立100年的这一天，南非董事会主席G. H. R. 埃德蒙兹（GHR Edmunds）和总经理AQ. 戴维斯（AQ Davies）主持了在伊丽莎白港举行的标准银行百年庆典。

拉尔夫·吉布森
（Ralph Gibson）

拉尔夫·吉布森是标准银行在南非的首任董事长，于1911年在英国进入该行任职，从那里被派往南非担任德班的办事员。八个月后，他被调到洛伦索马贵斯（Lourenco Marques，即目前莫桑比克首都马普托），1918年在那里升任会计一职。在开普敦待了一段时间后，他又被派往标准银行的纽约办事处，在纽约待了七年后回到英国。1927年，他在英国成为经理助理，1936年晋升为经理，1948年退休，但1960年之前一直留在董事会。1953年，在标准银行决定在南非设立董事会后，他在开普敦负责南非标准银行至1960年。

G. H. R. 埃德蒙兹
（GHR Edmunds）

1960年，G. H. R. 埃德蒙兹接替拉尔夫·吉布森（Ralph Gibson），成为南非董事会首位出生在南非的董事长。埃德蒙兹出生于约翰内斯堡，在爱德华七世国王学校和威兹大学接受教育。他是一位特许会计师、南非联合报社的董事长、若干上市公司的董事长以及欧内斯特·奥本海默（Ernest Oppenheimer）爵士的亲密伙伴。当南非标准银行有限公司于1962年成立时，他成为第一任董事长，直到1967年，由于健康不佳，不得不退休。埃德蒙兹很受欢迎和尊敬，他拒绝接受标准银行的养老金，因为他觉得自己作为董事长时的待遇已经很不错了。

A Q. 戴维斯是一位卫理公会牧师的儿子，在东开普的一个叫 Peddie 的小村庄长大，他熟悉那里科萨人的语言、风俗习惯和部落知识。他在格拉罕镇（Grahamstown）的金斯伍德学院上学；1923 年，因其父亲负担不起送他上大学的费用，19 岁的他加入了标准银行。在格拉罕镇待了八年及通过了最后的银行考试后，戴维斯搬到了开普敦，先是去了标准银行的信托部，然后去了总经理办公室。1949 年他被任命为副总经理，当时他仍在开普敦。

AQ. 戴维斯
（AQ Davies）

1955 年至 1956 年，戴维斯作为标准银行挑选的未来领导人被派往牛津基督堂参加第 8 个国际银行暑期学校，在那里他开始了为期 7 周的美国和加拿大商务旅行，并在旅行中会见了许多著名的银行业人士。一年后，他被任命为标准银行在南非的首席总经理，这是伦敦委托担任这一职务的第一个南非人。作为首席总经理，戴维斯在标准银行百年庆典和其在伊丽莎白港新址的正式启用过程中发挥了核心作用。1963 年 3 月，他陪同标准银行有限公司主席西里尔·霍克（Cyril Hawker）爵士对日本、中国香港和曼谷进行了为期五周的友好访问。

1965 年，戴维斯从标准银行管理层退休，成为身患痼疾的 GHR. 埃德蒙兹董事长的副手。1967 年，戴维斯接任董事长一职。同年，南非标准银行在约翰内斯堡首次公开发行股票并上市，戴维斯也发布了首份年度董事长声明。他被《星期日泰晤士报》列入 1967 年全国五大商人。

戴维斯本人顶住了他的董事长拉尔夫·吉布森的强烈反对，支持位于约翰内斯堡莫宁赛德的标准银行员工学院的创立，而这也是他的主要成就之一。他找到了标准银行在伦敦的董事长西里尔·霍克爵士为盟友，并且学院也于 1965 年 11 月开业了。不过，令人印象更深刻的是他在建筑上的不朽作品，该建筑是标准银行在约翰内斯堡福克斯大街的新总部大楼，这座大楼吸引了世界的关注并获得了数项专业奖项。1968 年 3 月 29 日，他主持了揭牌仪式。

在整个 20 世纪 60 年代，戴维斯密切参与了标准银行除商业银行以外领域的多元化经营。他负责标准银行发展公司，该银行最终成为一个非常成功的商业银行，并收购后来的标准国家工业信贷公司。他在银行的职业生涯长达 50 年，凭着勤奋和坚韧不拔的精神，从管理邮票箱的普通职员上升为董事长。1973 年 7 月，同为南非商业巨头的 CS. 庞奇·巴洛（CS Punch Barlow）在标准银行的年度股东大会上发表讲话，他这样评论道：

标准银行的六十年代属于 AQ. 戴维斯。在他的领导下，标准银行的资产自 1962 年以来增长了四倍，从 5.256 亿兰特增加到超过 22 亿兰特。

"在未来的任何一部编年史中，他的名字将是最突出的，因为在黑暗和艰难的日子里，这十年取得了显著的进步。"

在约翰内斯堡证券交易所上市

1960年，查尔斯·罗伯茨·斯瓦尔特（Charles Robberts Swart）被任命为南非总督，与他的前任一样，他拒绝向英国女王宣誓效忠。不久后南非举行全民公投，占微弱多数的白人投票者赞同建立共和国。1961年，南非联邦更名为南非共和国（The Republic of South Africa），并退出了英联邦，斯瓦尔特当选南非共和国首任总统。

如前所述，由于阿非利卡人与英国之间的隔阂，标准银行与英国的关系受到指责。1965年，邻国南罗得西亚单方面宣布独立，这进一步助长了反英情绪，也导致该国的外国银行陷入困境。1966年初，维沃尔德（Verwoerd）总理宣布将与国外总部官员调查南非的银行，这项举措主要针对标准银行和巴克莱银行。其他民族主义政治家也加入了这股浪潮。开普敦省行政长官FD. 康拉迪（FD Conradie）在阿非利卡人商会的一次会议上声称，南非人仅持有23.4%的商业银行资本和准备金。1965年3月，他声称，10家注册的商业银行的资本和准备金为1.35亿兰特，其中 1.041亿兰特由7家外资机构控制。该国只有三家银行机构可以被视为真正的南非的机构。

维沃尔德和他的继承人巴尔萨泽·约翰内斯·沃斯特（BJ Vorster）以及南非荷兰语新闻部门都持有这种态度。尤其是南非荷兰语新闻部门不放过任何机会提醒读者，标准银行的资本主要由海外投资者所持有。

1966年6月在发给董事会的一份备忘录中记载，反对标准银行的运动持续不减："我们每天都会收到来自国家分部经理的信件，也包括当地出版社的信件，对他们所定义的'外部控制'嗤之以鼻。""我们的国家分部不得不承受这些不公平指控的冲击，可以清楚地察觉到我们经理的沮丧情绪，然而经理们在不断沮丧难堪的同时，却没有有效的反制武器来打击这种宣传。"备忘录还提及："我们的大多数分公司经理都曾建议我们应该在南非市场上发行股票。我们知道这是一个摆在董事会面前的重要问题，我们认为，应该让董事会注意到，南非人在我们机构完全没有拥有股权这一情况时不时就会冒出来。"

1967年，标准银行决定首次向南非公众提供南非标准银行的股票，让更多当地投资者有机会分享该机构的增长和扩张。南非标准银行的注册资本从2 400万兰特增加到5 000万兰特之后，300万股票以每股310兰特面向公众出售。该股票被以发行量两倍的额度超额认购。

自此，标准银行和南非标准银行的股票都在约翰内斯堡证券交易所挂牌。本次首次公开发行股票之后，标准银行仍然持有南非标准银行的控股股权。

第二节　银行业务的现代化发展

南非现代化、多样化的金融体系是由零售和公司客户的需求所决定的。传统上，像标准银行这样的商业银行侧重于向个人客户提供零售服务，但在20世纪50年代和60年代期间，当商业银行的主导地位受到普通银行、贴现公司、租购贷款机构和建屋互助协会的"创业创新"的挑战时，这种情况开始逐渐改变。这些机构对产生于第二次世界大战后强劲经济环境的新金融服务的需求做出了积极反应。商业银行也对竞争做出了迅速反应，将自己从狭窄的基础短期信贷提供者转变为向客户提供广泛服务的更为全面的金融服务机构。

综合性银行机构

1955年，南非的第一家商人银行(Merchant Bank)——联合承兑有限公司（Union Acceptances Ltd.）成立，随后是南非贴现公司（Discount House of South Africa Ltd.）。标准银行设立了城市商业银行(City Merchant Bank)，1963年12月开业，注册资本为 500万兰特。HP. 德维耶（HP de Villiers）被从联合承兑有限公司挖来，管理城市商业银行，并担任标准银行的首席执行官。到了1964年4月，初出茅庐的城市商业银行报告称，它很轻松地超过了盈利所需的900万兰特承兑额，并需要调高其核定资本余额，以满足法定最低10%的负债水平。

在1964年，标准银行的另一重大发展是建立了标准银行发展公司（Standard Bank Development Corporation）①，作为中期融资的资金来源和发展项目的长期资本。一年后，西里尔·霍克（Cyril Hawker）爵士在他的主席声明中满意地指出，通过标准银行发展公司、城市商业银行及国家工业信贷公司（National Industrial Credit Corporation）②，标准银行有能力"协助向几乎任何类型的商业经营活动提供融资"。

西里尔·霍克
（Cyril Hawker）

城市商业银行和标准银行发展公司在最初几年里发展迅速，取得了令人鼓舞的利润水平，并要求股东定期注资。标准银行新任董事长A Q. 戴维斯在其1966年的声明中指出，标准银行发展公司是"该行最有用的附属机构"。三年后，中央工业承兑银行（Central Accepting Bank for Industry）和城市商业银行宣布合并，一个新的控股公司——中央承兑有限公司（Central Acceptances

---

① 后来成为标准商业银行(Standard Merchant Bank)，其后是标准公司和商人银行（Standard Corporate and Merchant Bank，SCMB），现在的名称是公司和投资银行（Corporate and Investment Banking，CIB）。
② 成立于1937年，后来成为标准信贷公司（Standard Credit Corporation）或标准国家工业信贷公司（Stannic）。

Ltd.）成立，标准银行因为持有城市商业银行30%的股份而分配获得新公司14%的股份。新公司的资产为2亿兰特，预计将"在南非的商业银行领域占据主导地位"。H. P. 德维耶被任命为两个联席首席执行官之一。

H. P. 德维耶
（HP de Villiers）

H. P. 德维耶是标准银行第一位没有丰富小额银行业务经验的首席执行官。他不仅是一名企业银行家，也是一名出色的交易商。其安静、低调的性格，以及成功创设了中央承兑有限公司，都表明他是银行业形成过程中的领导者。

德维耶出生在奥兰治自由邦的马考德，和 A. Q. 戴维斯一样，他在格雷厄母斯顿的金斯伍德学院（Kingswood College）接受教育。他在罗兹大学（Rhodes University）攻读商学学士学位，期间在南非空军服役 10 个月，之后，他在约翰内斯堡获得了特许会计师（以优异的成绩）的资格，然后在伦敦经济学院（London School for Economics）待了一年，并在那里获得了工商管理学位。

回到南非后，德维耶为非洲氧气公司（African Oxygen）和英美集团（Anglo American）工作，后来成为联合承兑有限公司的总经理。1963 年，他被任命为城市商业银行的总经理，该银行合并后为中央承兑有限公司。1971 年，他加入了标准银行，成为标准银行发展公司转变为标准商业银行的推动者，并成为该银行的执行董事长。

1974 年，48 岁的德维耶成为了标银集团的董事总经理；1985 年 1 月，他从首席执行官一职中退休。在其 11 年的成功领导期间，他促成建立了与唐纳德·戈登（Donald Gordon）的利保人寿保险公司的伙伴关系，并在房地产市场上取得了长足的发展，使得标准银行遥遥领先于其在电子银行业务领域的竞争对手。在他卸任首席执行官后，德维耶一直担任标银集团的董事长，直到1992年退休，之后他在接下来的四年里一直担任董事会的成员。

HP. 德维耶使标准银行成为这个国家无可争议的行业领袖。1986年，金融记者阿列克·霍格（Alec Hogg）发表了一篇值得称道的文章，他写道，尽管德维耶的背景是特许会计和公司银行业务，但"他对小额银行业务尤其是在电子行业方面的精通，使得标准银行能够脱颖而出"。▨

到目前为止，标准银行董事会已经清楚地看到，为银行业务之目的所需的资本，应该与为附属子公司（如标准商业银行、标准银行发展公司和中央承兑有限公司）服务所需的资本分开。为此，标准银行投资公司（Standard Bank Investment Corporation，以下简称标银集团）于1969年成立，反映了标准银行向金融服务集团的演变。标银集团在伦敦的母公司、新成立的标准渣打银行持有其85%的已发行股份和100%的优先股。

由于银行登记官不打算发放新的银行执照，因此有必要将标准银行发展公司改为标准商业银行(Standard Merchant Bank)，并于1972年5月正式登记并扩大其董事会。H. P. 德维耶成为新公司的执行董事长，托尼·诺顿（Tony Norton）为总经理，该公司的准备金在当年6月为1 400万兰特。南非标准银行的员工被吸纳到标准商业银行中，并招聘了新的人才。

标准银行投资公司

第二次世界大战以后，标准银行的业务逐渐从商业银行向多元化发展，并已成立多家下属子公司，因此于1969年设立了标准银行投资公司（Standard Bank Investment Corporation）作为标准银行南非业务的持股公司。而南非标准银行（Standard Bank of South Africa）成为标准银行投资公司的全资子公司。

2002年，为了实现银行众多品牌的统一，标准银行投资公司更名标准银行集团有限公司（Standard Bank Group Limited）。

本书中为了便于读者理解，将标准银行投资公司和标准银行集团有限公司均简称为"标银集团"。

从20世纪60年代中期开始，标准银行摒弃限于在英国殖民地展业的想法，其服务范围不断扩大。1966年，在亨德里克·弗伦施·维沃尔德（HF Verwoerd）博士在国会遇刺的同一年，标准银行首次进入信用卡领域，收购了南非大莱卡俱乐部公司（Diners Club of South Africa Pty Ltd.）51%的控制股权，该公司是全球大莱卡俱乐部（Diners Club）的特许经营人。其他银行也很快效仿发行信用卡，尤其是巴克莱银行的巴克莱卡在国际上十分成功。

大莱卡俱乐部

1984年，南非大莱卡俱乐部庆祝了21岁生日，租下了从比勒陀利亚到开普敦的蓝色火车，然后返回，带着付费的顾客参观了开普酒乡。1949年一位富有进取心的商人创建了大莱卡俱乐部，他忘记带钱包，并被一位富有同情心的餐馆老板允许将他的名片作为借据。很快，大莱卡就演变成了一张世界性的信用卡，使商人们能更容易地管理他们的费用账户。1963年具有远见的保罗·贝格豪斯（Paul Berghouse）将大莱卡带到南非，1966年，标准银行购买了拥有特许经营权的南非大莱卡俱乐部公司的多数股份，从而使其成为标准银行的产品。在其最初的21年里，南非大莱卡稳步扩大其服务范围，包括旅行保险、机票预订、旅馆预订和向成员预付现金。

1968年，标准银行对信托银行、国民银行和荷兰银行(Netherlands Bank)在租购和租赁领域的竞争日益激烈做出回应，直接向伦敦商业信贷公司(Mercantile Credit Co. London)收购了国家工业信贷公司。此次收购使标准银行成为南非资产规模最大的银行。五年后，国家工业信贷公司为了与其母品牌更紧密地联系起来，在其名称中加入了"标准"二字，成为标准国家工业信贷公司（Stannic）。

然而，标准国家工业信贷公司的业务表现在20世纪80年代初未能与对手并驾齐驱。在1985年至1986年间的经济衰退期，其收益下降1 200万兰特，并且不得不核销坏账7 600万兰特。新管理层的大力干预迎来了一次回温：三年内，其成本已降至其主要竞争对手的30%以下，股本回报率提高到29%左右。到1989年第三季度末，标准国家工业信贷公司持有每家银行未出售资产的最大的市场份额，而且其租赁资产高于其最接近的竞争对手40%。更重要的是，多年来，其贷款质量稳步提高。

住房融资业务

在20世纪80年代，银行业对公众存款的竞争主要来自建屋互助协会（Building Societies）。建屋互助协会起源于英国，在英国工业革命期间的城市化迁移导致了住房短缺，只有通过"友好互助会"（Friendly Societies）这个非营利机构将储蓄和贷款用于住房才得以缓解。南非的第一批建屋互助协会于19世纪50年代在伊丽莎白港和德班成立，但在金伯利和约翰内斯堡分别发现钻石和黄金之前基本没什么客户。由于之后对住房需求的增加，南非永久建屋互助协会（South African Permanent Building Society，在金伯利）和联合建屋互助协会（United Building Society，在约翰内斯堡）的金融情况有所改善。随着国家经济的发展，建屋互助协会的数量激增，然后逐渐合并或关闭。在1936年共有75个社团；到1969年有18个；1983年只有9个，其中最大的是南非彼尔姆公司（SA Perm）和联合建屋互助协会。

标准银行于1977年底进入房地产市场，起初是申请开办自己的建房互助协会，但该申请被拒绝了。银行注册处允许标银集团与保诚建屋互助协会（Prudential Equity Building

> **联合建屋互助协会**
>
> 到1990年，联合建屋互助协会和大多数其他建屋互助协会都在约翰内斯堡证券交易所挂牌上市，并于1991年全都成为银行机构。

Society）建立联盟。尽管董事会对与标准银行有业务往来的其他建屋互助协会可能对此做出的不利反应持保留态度，而且认为最终目标应该是与一个较大的协会建立联系，但还是批准了这一伙伴关系。1978年，建房互助协会注册处批准将保诚建屋互助协会更名为标准建屋互助协会（Standard Building Society）。

随着货币市场融资成本达到异常高的水平，银行和建屋互助协会之间争夺公共存款的竞争变得异常激烈。这些协会通过提高存款利率，以加大力度吸引存款。唐纳德·戈登（Donald Gordon）酝酿着一个宏伟的计划：将其担任副董事长的联合建屋互助协会、担任董事长的利保人寿保险公司和标准银行合并成一个庞大的金融服务公司。南非从未出现过这样的公司，有人将这件事记为唐纳德·戈登的"拿破仑时期事件之一"，但此次合并并未成功。

1983年3月，标准建屋互助协会和联合建屋互助协会之间的合并协议被财政部否决，理由是不应该允许大型建屋互助协会通过合并进行扩张。标银集团的康拉德·施特劳斯（Conrad Strauss）对政府官员的反对感到沮丧，他告知财政部的乔普·德鲁尔（Joop de Loor）博士(后来成为标准银行的董事)说，这两个机构仍然决心进行一项"安排"。尽管标准银行和联合建屋互助协会之间的协议不得不立即终止，但双方签署了一份新的备忘录，同意"未来合作"。

虽然标准银行和联合建屋互助协会之间的合并未获批准，但二者之间的合作还是取得了进展。联合建屋互助协会高级总裁皮特·巴登豪斯（Piet Badenhorst）被任命为南非标准银行的董事会成员，并且H. P. 德维耶和康拉德·施特劳斯加入了联合建屋互助协会的董事会，而联合建屋互助协会开始向南非标准银行转移一些账户。几个月后，《标准银行新闻》（Standard Bank News）报道了在固定资产、投资、住房贷款和营销领域正在进行的一系列联合活动，这些活动承诺为双方增加收入和节省成本提供机会。但这些充满希望的安排并未持续太久。1985年，标准银行董事会注意到，联合建屋互助协会已不再完全遵守合作协议的精神。当新的《建设协会法案》（*Building Societies Act*）生效时，对这种关系的真正考验到来。同年9月，联合建屋互助协会成为一家上市公司，标银集团和联合建屋互助协会的董事们随即辞去了在对方董事会的职务。

1963 年 12 月，拥有罗兹大学学士、美国康乃尔大学硕士、罗兹大学博士学位的宏观经济学家 CB. 康拉德·施特劳斯作为管理培训生加入标准银行。在经历了三年的银行业务培训（包括在澳大利亚和伦敦办事处的培训）之后，他于 1966 年被任命为银行经济顾问，1970 年在其 33 岁时成为银行最年轻的总经理。随后，作为公司规划的负责人，他在比尔·帕斯莫（Bill Passmore）对银行进行的意义深远的重组中发挥了重要作用。

作为被选拔出的执行总经理候选人，施特劳斯就读了哈佛大学的高级管理课程（HMM）。1974 年，他成为纳塔尔地区的总经理，随后在 1976 年成为威特沃特斯兰德地区的总经理。1978 年，他担任标银集团常务董事，1985 年出任总经理，1992 年担任董事长。

尽管施特劳斯谨慎地避免个人崇拜在标准银行内部得到发展，但他在银行界享有很高的知名度，并在南非的商业事务中发挥了领导作用。他是南非银行家协会（Institute of Bankers of SA）和南非清算银行协会（Clearing Bankers Association）的前主席，在 1983 年至 1994 年担任总统经济咨询委员会（Economic Advisory Council）成员，1995 年被任命为总统委员会主席，负责提供农村金融服务。他

康拉德·施特劳斯
（Conrad Strauss）

比尔·帕斯莫
（Bill Passmore）

还担任南非基金会（South Africa Foundation）主席，并多年担任南非国际事务研究所（South Africa Institute of International Affairs）的主席。

在标准银行成功地粉碎了莱利银行的收购企图后，施特劳斯于 2000 年辞去了集团董事长一职，但仍是董事会成员。2000 年的年度报告对他表达了崇高的敬意："他的正直，他对细节一丝不苟的关注，一直伴随着他对更广阔视野的敏锐认识，以及他强大的智慧，所有这些都有助于他有目的地并果断地领导这个团体。"

康拉德·施特劳斯在为标准银行服务了 43 年后于 2006 年从董事会退休。董事长德瑞克·库博（Derek Cooper）在致辞中表示，他的前任"体现了该组织的正直和文化"。🏛

第一位女性董事会成员

1986 年对伊丽莎白·布拉德利（Elizabeth Bradley）夫人担任标银集团的董事会成员的任命，创造了银行业的历史。当时，该国没有别的银行在董事会中拥有一名女性。布拉德利是著名商人阿尔伯特·韦塞尔斯（Albert Wessels）博士和南非白人诗人伊丽莎白·埃博思（Elizabeth Eybers）的女儿，她自己本身也是一位杰出的商人，自 1981 年以来一直担任斯坦邦公司（Stanbond）的董事。

布拉德利夫人自 2009 年服务了 23 年之后从董事会退休。

1986 年 12 月，H. P. 德维耶与联合建屋互助协会董事长菲利普·希尔斯（Phillip Sceales）之间进行了简短的书信往来，联合建屋互助协会从信中得知标准银行打算再次尝试进入住房贷款市场，重新启动标准建屋互助协会。虽然希尔斯"欣然接受"这一决定，但他宣称，将这一举动视为"在我们之间普遍存在的谅解精神中"是"荒唐的"。双方都同意，合作备忘录已经失去了效用。

标银集团承认，大举进军房地产市场不是一件愉快的事情，但由于所有银行当时都在发放住房贷款，南非标准银行"承担不起不参与零售金融业的这一核心组成部分的代价"。由泰瑞·鲍尔（Terry Power）管理的新的住房贷款部于1986年12月大张旗鼓地进入市场，并以低于市场最低利率3.5%的有竞争力的价格进行了广告宣传。1988年，住房贷款部推出了债权存取产品（Access Bond），极大地推动了标银集团在住房融资领域的发展。

不过，债权存取产品遭到了传统抵押贷款机构的强烈反对。建房互助协会注册处给财政部部长写了一封慷慨激昂的信，声称该产品是不受欢迎的，并有"道德上应受谴责的特征"。当时，建房互助协会只能以按揭债券作抵押担保，并规定最高贷款比率。银行不受这一限制，并且其客户发现，与在其他地方支付更高的融资费用相比，通过住房贷款为车辆和其他大宗采购获取资金反而更便宜。建房互助协会大声抱怨像南非标准银行这样的银行在鼓励不计后果的消

债权存取产品（Access Bond）

费。然而，不管道德上是否应该受到谴责，不久之后，其他人就热情地复制了这个产品以及它的名字。南非标准银行不得不诉诸禁令来阻止联合建屋互助协会在其股权存取产品中使用"存取"这个词，法院支持了南非标准银行的诉求。

由于低利率和更大的灵活性，债权存取产品及其仿制品迅速进入了房地产市场。很快，这些银行就建立起了像有多年业务经验的建房互助协会那样大的贷款账簿。到 1990 年 7 月，南非标准银行的住房贷款部门的抵押账户已达到 50 亿兰特，占房地产市场 420 亿兰特总额的 11.6%。这一增长在很大程度上要归功于标准银行有史以来最成功的创新之一——债权存取产品。

电子银行业务

据说，美国传奇银行家保罗·沃尔克（Paul Volcker）将自动取款机描述为20世纪最有用的金融服务创新。标准银行不是在南非率先采用自动取款机的银行，但是是第一家安装这种即将普及的机器的零售银行。

自动取款机

自动取款机的前身是即时取款机，自1973年以来，标准银行在约翰内斯堡的三个地点安装使用了该机器。这项服务使顾客能够在白天或夜晚的任何时候在爱乐福街、修布罗区和詹斯姆滋分行从机器取出每周不超过50兰特的现金。即时取款机在报纸和广播广告中广为宣传，声称"即使在午夜，你也可以在标准银行取钱"。当时只有在约翰内斯堡才是这样，因为这些机器并没有在全国推广，这可能是因为多用途自动取款机已经在英国开始使用。这三台即时取款机于1979年停止使用。

1981年4月，标准银行在兰德的15个地点推出自助银行，即自动取款机设备。此后不久，在比勒陀利亚、德班和开普敦安装了更多的机器。在第一年，有100万笔自动取款机交易被记录下来。但仅仅一年后，仅在一个月内就有100万笔交易被记录。

新产品和新服务接踵而至。1983年，电子自助银行中心的试点设立在位于约翰内斯堡西蒙斯街标准银行新的"超级街区（Superblock）"大楼，该中心由2台自动取款机、2台报表打印机和4个终端组成，并连接到邮政局的贝尔特系统上。同年，标准银行启动了面向公司客户的电子银行和信息服务的企业访问终端系统。

总部大楼

在福克斯街（Fox Street）78号标准银行中心（Standard Bank Centre）开业不到10年的时间里，建立一个新的行政中心的计划正在谋划之中。1979年，标准银行的行政总部分散在约翰内斯堡的11座大楼中，标准银行中心的27层楼中有9层为外部租户所占用。董事会决定，需要一座新的大楼来满足银行未来的需求，批准了在西蒙斯街附近建造一座新行政大楼的计划，费用为4 850万兰特。新大楼的建造由特雷斯康公司（Trescon）中标，价格为23 224 748兰特，是收到的最低价。

随着西蒙斯街6号名声渐盛，1982年11月，财政部部长欧文·霍伍德（Owen Horwood）主持了"超级街区"的开业。该大楼的建造和装修总费用为7 000万兰特，汇集了大多数集中化的银行职能，但不包括留在福克斯街总部的总管理职能。

三年后，有人提出了在西蒙斯街5号建设新总部和行政大楼的计划，与6号路隔一条马路并有天桥相连。除了当时南非最大的可出租办公空间的5号

总部大楼

楼本身外，3.5亿兰特的建设还包括一个广场、一个地下博物馆——展示在挖掘过程中发现的旧金矿，以及一个美术馆。标准银行后来决定将总部的全部业务设在西蒙斯街5号，该建筑于1990年5月首次投入使用。

标准银行总部建筑群最后增加了西蒙斯街3号的建筑，费用为2.22亿兰特，作为"公司和商人银行"（SCMB）的办公场所。

1984年，南非第一家全电子化的银行分行（包括3台自动取款机、3台自助机和3台自动信息终端机）在约翰内斯堡的兰德堡开业了，随后，更多这样的"太空时代中心"在全国成立。"自助贝尔"是家庭银行服务机构，于1985年3月上线，到那时标准银行在全国各地安装了360台自动取款机，并将万事达卡持有者与其所有的自助银行设施联系起来。这些服务奠定了标准银行作为先进电子银行业务全球领袖的地位。

到1987年，标准银行的新产品和服务包括：银行电子系统终端，系统允许商业客户在其经营场所获取除了存款或提取现金外的日常银行服务；为青年市场提供电子储蓄产品的"自助俱乐部"；一种革命性的新的电子语音应答系统——"托妮手机银行"，使客户在世界各地通过手机访问任何与他们的自助银行卡联系的账户。一年后，标准银行的自动取款机处理了5 000万次以上的交易。

标准银行不断增长的电子产品和服务是以世界上一些最先进的数据采集和计算系统为基础的。电信技术的重大进步使标准银行得以采用一个在线的三个中心（约翰内斯堡、开普敦、德班）的分散处理系统，其基础是将数据通过邮政局专用电话线传送。1980年推出的一个在线汇款机制，构成了一些产品发展的基础，最显著的是非常成功的自助银行，这使标准银行在其竞争对手中名望大增。

1985年11月，欧德斯普瑞特（Hoedspruit）成为标准银行的第519家也是最后一个计算机化的分行。银行成立了一个新的电子银行部门，其业务职能为负责在六个地理区域的控制中心安装、监测和管理全国的自动取款机网络。

第三节 纯粹的南非本地银行

1967年，南非标准银行在约翰内斯堡证券交易所首次公开发行股票并上市，然而这种对地方利益谦恭的态度，并没有打消沃斯特（Vorster）政府认为外资银行有悖于公共利益的观点。

50%的股权比例

1970年，弗兰森委员会（Franzsen Commission）提交的关于财政和货币政策的第三次报告建议，如果南非的银行或银行控股公司与外国合资，外国人的合并持股比例超过50%，则应采取措施，在合理时间内将其降低到50%以下。政府同意了这一建议，并提出了《银行法》（*Bank Act*）修正案，要求在十年内将外国持股比例控制在50%以下。标准银行的董事会关切地注意到，如果执行这项立法，将对标准银行及其与南非子公司之间的关系产生重大影响。

1969年，两家同属英资背景，同样起源于伦敦的银行，标准银行和渣打银行合并为标准渣打银行（Standard Chartered Bank），其业务范围从非洲扩大到中东和远东，并增强了与在世界贸易中享有越来越大影响力的亚洲的联系。伦敦总部决定在非洲以外的地区扩大业务的一个原因，可能是对沃斯特政府降低外国资本在南非的持股比例提案的担忧。仅仅十年后，标准渣打银行在包括美国在内的60个国家拥有了1 500多个分支机构。

　　关于限制外资持股比例的限制的威胁一直到1973年仍悬而未决。在离退董事长的声明中，A. Q. 戴维斯表达了他的失望，南非政府提出的立法可能会损害标准银行过去110年来在世界市场中建立起来的长期且珍贵的关系。

　　"英国股东的主动性和进取精神使我们能够在早期艰难的条件下扩展银行系统，而且我们忠实可靠的信誉从未受到质疑……在董事会22个成员中，只有4名为英籍人士，因此就算我们的母公司想要做出任何指示也是不可能实现的……我不明白为什么那些表示愿意在任何合理和建设性的基础上与政府合作的海外股东会遭到法律禁止，他们会因此感到不安，因为他们的利益大部分甚至全部都笼罩在乌云之下。"

　　1973年5月，政府终于通过财政部部长尼克·迪德里赫斯（Nico Diederichs）博士对弗兰森委员会的提议做出了回应。他宣布，内阁已决定修改《银行法》，以满足公众的利益，公众提供银行资金总额的94%，而股东只提供了6%。银行必须想办法在10年内将它们的海外持股比例减少到50%。最终，这个比例必须降到10%。

董事会决定以书面备忘录的形式向政府作出回应。6月9日，标准渣打银行董事长西里尔·霍克（Cyril Hawker）爵士会见了部长，并受到热情接待。三个月后，他和标银集团的董事长伊恩·麦肯齐（Ian Mackenzie）再次与部长会面，表示没有必要立法：南非标准银行将在十年内自愿将其外国持股比例降至50%。而部长本人则同意放弃"不公平和不公正的"10%的目标。在随后的公告中，政府撤销了10%的限制。

五年后，标准渣打银行在南非标准银行的权益降到了59.5%，并且还在进一步地逐渐减少，尽管削减外资持股的最后期限已延长至1991年，标准渣打银行的持股比例仍在不断下降。

政治下的考量

南非的国际声誉继续下降，大规模的社会和政治动荡使外国投资者感到不安，而且造成更多的资本从南非外流。1980年，标银集团董事长伊恩·麦肯齐在标准渣打银行的年度股东大会上受到"终结南非贷款"运动的攻击。

伊恩·麦肯齐于1914年在约翰内斯堡出生，曾就读于约翰内斯堡的爱德华七世国王学校（King Edward VII School）、苏格兰佩思郡（Perthshire）的格伦蒙德学院（Glenalmond College）。他在牛津大学彭布罗克学院（Pembroke College, Oxford University）攻读文科学位，然后返回南非工作，并取得注册会计师的资格。他在1936年加入德兰士瓦苏格兰军团（Transvaal Scottish），在第二次世界大战期间曾与皇家苏格兰燧发枪团（Royal Scots Fusiliers）并肩作战，并晋升到陆军中校的军衔。1944年11月，他因在阿纳姆（Arnhem）战役激烈战斗中的出色表现得到由陆军元帅伯纳

伊恩·麦肯齐
（Ian Mackenzie）

德·蒙哥马利（Bernard Montgomery）向他颁发的优异服务勋章。他后来成为德兰士瓦苏格兰军团第一营的荣誉上校。

战后，在 1961 年加入标准银行南非董事会之前，他成为一家特许会计师事务所的高级合伙人。一年后，他成为南非标准银行的创始董事。随后先后在标准银行、标银集团担任副董事长，并于 1973 年成为标银集团的董事长。他还担任过南非其他主要公司的董事会成员。伊恩·麦肯齐是一个兴趣广泛而多样的人，曾担任罗兹大学校长、南非自然基金会（South African Nature Foundation）理事以及 1820 年定居者协会（Settlers' Association）的赞助人。他和 H. P. 德维耶一起，帮助标准银行和唐纳德·戈登的利保人寿保险公司之间建立了紧密的联系。1985 年，他从董事长职位上退休，由 H. P. 德维耶接任该职位。

南非总统彼得·威廉·波塔（Pieter Willem Botha）在1983年推出了一个三院制议会，由白人、"有色人种"和印度人组成，但没有黑人，这致使历史上最大的反种族隔离联盟——南非民主统一战线（United Democratic Front）成立，并导致全球反种族隔离情绪的高涨。在英国的银行中，巴克莱银行由其全国范围的零售网络和学生市场，继续吸引着反南非抗议者的最大注意力。

在1984年至1985年无处不在的暴乱之后，南非部分地区宣布进入紧急状态。1985年8月，总统波塔终止了进一步的政治举措。外国银行的反应非常神速：大通曼哈顿银行（Chase Manhattan Bank）收回其对南非的贷款，花旗银行(Citibank)等其他银行也紧随其后。兰特货币迅速崩盘，货币市场和股票交易所关闭一周。

此时，南非银行业的两个最大外国股东——巴克莱银行和标准渣打银行已经开始重新评估它们在南非的投资。1985年，为了提高资本充足率，标银集团董事会决定在南非进行配股，这样能筹集到1.77亿兰特的新资金。当时，标准渣打银行自身的资本充足率也处于紧张状态，放弃了认股权，其在标银集团的持股比例降至41.9%，而利保人寿保险公司（Liberty Life）的持股比例增至24%。当时，标准渣打银行董事长巴伯尔（Barber）爵士认为，有必要强调标准渣打银行无意从南非撤资；相反，他向财政部部长和银行注册官表示，作为标银集团单独持股最大的股东，标准渣打银行打算与标银集团维持"持续的重大商业关系"。他还致函标银集团董事长，表示标准渣打银行保留不少于35%股份的意向。一年之内，标准渣打银行越来越接近这一门槛；根据一项计划安排，标准银行通过进一步发行新股收购了宇润赛克（Unisec）和金星集团（Hesperus Group），标准渣打银行的股本因此降至38.98%，已远低于政府设定的限额。

因为巴克莱银行的零售分支网络致使其对英国公众的风险敞口较大，巴克莱银行首先屈服于撤资压力。1986年11月，巴克莱银行宣布以8 030万英镑的价格向英美资源集团（Anglo American）、戴比尔斯公司和南方生活公司（Southern Life）出售其在南非的权益。1986年5月，伦敦的劳埃德银行（Lloyds Bank）对标准渣打银行发起了恶意收购。劳埃德银行表示，如果成功，将减少甚至切断标准渣打银行在南非的业务联系。在南非，

南非种族隔离制度

英国殖民时的南非形成一系列种族歧视法案。种族隔离制度是以1913年的"原住民土地法"作为开端，1961年南非独立后仍延续。种族隔离制度防止非白人族群（即使是居住在南非白人区）得到投票权或影响力，将他们的权益限制在遥远可能从未访问过的家园。南非的种族隔离政策不但引发南非国内的反弹与抗争，也引发国际社会的攻击与经济制裁。20世纪60年代，南非内部出现反对种族隔离政策的冲突，导致国际对南非的制裁。南非前总统曼德拉毕生都在为废除种族隔离制度而努力，他因此在1993年与促进南非民主化进程的白人总统德克勒克，一同获颁诺贝尔和平奖。1994年4月，南非议会通过第一部临时宪法，规定所有南非人都有权利得到法律的平等保护，种族隔离政策才从法律上根本废除。在南非实行种族隔离时期，标准银行努力地避免与执政党公开建立合作或伙伴关系。标准银行是城市基金会的早期支持者，该基金会曾游说废除《通行法》（*Pass Laws*）和承认黑人的财产权，标准银行也是其他倡导在南非实现更公正社会政治改革的非政府组织的

转下页 ▶

◀接上页
早期支持者之一。南非废除种族隔离制度后，标准银行在促进金融行业的"黑人振兴政策"的"南非金融业纲领"的制定过程中发挥了领导作用，并创建了旨在解决该国的人力资本赤字问题的商业信托基金。它将银行股东范围扩大到了黑人员工、客户和小企业，并且还深入参与了整个非洲的基础设施建设。

金融兰特和商业兰特

20世纪70年代，南非的国际收支困难，为管制外汇，南非储备银行于1979年建立起金融兰特（financial rands）和商业兰特(commercial rands)这种双重汇率体系，其中前者用于境外机构的资本账户交易，后者用于外汇经常项目交易。

该双重汇率体系在1983年短暂废止，又于1985年恢复，直到1995年正式彻底废止。

南非标准银行成立了一个小组委员会，由康拉德·施特劳斯（Conrad Strauss）担任委员会主席，以保护自身的利益。然而，标准渣打银行仍然表示，它将把在南非的持股比例下降至25%，但不会进一步再下降了。

不再是"外国银行"

1987年中，标准渣打银行决定出售其南非控股权的传言甚嚣尘上。此时，巴伯尔（Barber）勋爵已辞去标准渣打银行董事长一职，由格拉汉姆（Graham）［后来的彼得（Peter）爵士］接任。在伦敦，据《泰晤士报》报道，英国的私人银行希尔塞缪尔银行（Hill Samuel Bank）一直在谨慎地向买家试探出售其持有的标准渣打银行38.98%股份的可能性。

标银集团决定在市场上先发制人，将自己的提议提交给标准渣打银行。埃迪·希隆（Eddie Theron）和他在标准渣打银行的同事设计了一个计划，确保标准渣打银行以后能够按照既定规则将股份出售给南非的投资人，并将收益以金融兰特的形式汇回南非。标准渣打银行可以以（更有价值的）商业兰特返还应付给所有股东的特别股息。该计划的最终结果既不会稀释南非标准银行的资本，也不需要支付额外费用。标准渣打银行的部分股份将提供给南非标准银行的员工和客户。南非董事会竭尽全力保障与标准渣打银行的交易建立在"友好的基础上"，以确保和谐的关系在未来能持续下去。在伦敦的标准渣打银行董事会最终同意了全部收购的条款。

埃迪·希隆曾就读于伍斯特男子高中（Worcester Boys High School），并在开普敦大学（University of Cape Town）取得商贸学和法学学士学位，他在1971年加入标准银行，此前他在赛福瑞特信托公司（Syfrets Trust）、城市商业银行（City Merchant Bank）和中央工业承兑银行(Senbank）工作过。他早期的银行业务经历是在公司金融、货币和资本市场。他是在 H.P. 德维耶的主持下参与创设标准商业银行的五位高管之一。

埃迪·希隆
（Eddie Theron）

德维耶描述埃迪·希隆为"他所见过的最聪明的银行家"，他在1973年成为标准商业银行的总经理，并在1977年成为其董事总经理，时年36岁。在1985年，他成为标银集团的副总经理。标准银行从南非撤资后，希隆被调到伦敦，他在那里建立了卢德盖特咨询服务公司（Ludgate Advisory Services），那是标准银行伦敦有限公司的先驱。20世纪80年代末90年代初，他在建立标准银行海外业务方面扮演了开拓者的角色。

1992年1月1日，他回到南非接替康拉德·施特劳斯（Conrad Strauss）成为标银集团的常务董事（及首席执行官），领导该公司直至1995年他提前退休。在他自己看来，他是最快乐的一个商业银行家，因为他不太适合处理在后种族隔离的南非政治需求。他担任标银集团董事会的重要成员直至2003年。

标准渣打银行从南非撤出的官方理由没有提及任何撤资压力。然而，撤资压力无疑是众多因素之一。标准渣打银行以每股18.75兰特的单价出售标银集团3 820万股股份，获得了7 159万兰特，这些钱又以金融兰特取出，使标准渣打银行还获得了以商业兰特形式汇回的870万兰特特别红利。交易完成后，唐纳德·戈登的利保人寿保险公司成为标银集团的主要股东，其持股比例从22%增加到30%。其他大股东则是耆卫保险公司（Old Mutual，持股比例从17.1%增加到20%）、金田公司(Gold Fields SA，持股比例从3.4%增加到10%)，伦勃朗集团(Rembrandt Group，新股东，持股10%)，标准银行养老基金(the Standard Bank Pension Fund，持股比例从2.5%增加到5%)。其余的25%则由公众、银行高管、员工和客户持有。公开配售这些股份有望额外带来1.575亿兰特。

出售股份时设想与标准渣打银行维持持续的密切关系的愿望没能实现。尽管标准渣打银行帮助过埃迪·希隆在伦敦开展标银集团的新业务，但随着两家银行意识到在非洲甚至其他地方它们是竞争对手时，两家银行之间的关系变得疏远起来。1988年，标银集团董事会对迈克尔·麦克威廉（Michael McWilliam）辞去标准渣打银行总经理一职深表遗憾，因为他被视为最后一位与南非关系紧密的标准渣打银行高级管理人员。不久之前，标准渣打银行就已削减标银集团的部分贷款额度，并将它们转给了信托银行。

在极为敌视南非的国际环境中，标银集团脱离了母公司标准渣打银行，开启了在国际舞台上以独立的姿态脱颖而出的新征程。

1980

Standard Bank

第五章
扬帆再起航

至今

 Standard Bank

第一节　金融业务多元化发展

在20世纪70年代末和整个80年代，黄金价格的涨跌导致经济的波动。南非银行业的竞争明显加剧。银行业务从传统的简单借贷拓展到"高效金融服务的最有效推广（the most efficient marketing of the most efficient financial services）"①。银行越来越受到一些如租赁、分期付款、保理、信用卡使用、住房贷款和即时现金提取等服务所带来的回报的吸引。计算机技术、电子网络和自动柜员机的进步加快了信息的传递，降低了成本，提供了新的服务，并为银行带来了更大的盈利能力。

银行保险业务

利保人寿保险公司（Liberty Life，以下简称利保人寿）在1957年由刚获得特许会计师资格的唐纳德·戈登与其他三人共同创立，在1964年戈登已完全控制了该公司。随后，戈登将75%的股份卖给了嘉定保险公司［Guardian A ssurance of London，嘉定皇家保险交易公司（Guardian Royal Exchange）的前身，以下简称嘉定保险］。后由于政治原因，嘉定保险于

---

① 摘自标准银行 2009 年年报，第 15 页。

唐纳德·戈登
（Donald Gordon）

1978年考虑出售其南非业务。戈登决定通过发行不可赎回的优先股，买回利保人寿的控制权，这需要筹集3 000万兰特（在当时这是一大笔钱）。标银集团成为其唯一可以考虑的大银行。标银集团的首席执行官德维耶敏锐地意识到与利保人寿结盟所能带来的丰厚利益，他和董事长伊恩·麦肯齐立即说服董事会接受戈登和他的合伙人迈克尔·拉普（Michael Rapp）的提议，购买嘉定保险在其新保险公司——嘉定保险控股公司（Guardian Assurance Holdings）中25%的股份，该公司的控股股东是利保人寿控股有限公司（Liblife Controlling Corporation Pty Ltd., LCC）。标银集团支付了200万兰特购买股权，另外支付了2 190万兰特购买可赎回的优先股。

由于戈登、麦肯齐和德维耶之间迅速建立了亲密的私人关系，标银集团和利保人寿之间的伙伴关系得到了快速发展。1979年，戈登被任命为标银集团的董事会成员，以向商业界展示"标银集团与利保人寿联合的积极形式"。1982年，德维耶成为利保人寿联合副主席，一年后戈登决定将这一关系提升到更高的层次。双方同意，标银集团将其在利保人寿的持股比例提高到50%，而戈登和拉普等股东则持有另外的50%的股份。作为回报，标银集团以每股9兰特的价格向戈登和拉普发行了670万股新的标银集团股份，利保人寿的两位高管由此成为持有标银集团10%股份的股东。

尽管麦肯齐和德维耶完全支持进一步投资利保人寿，但标银集团在伦敦的母公司标准渣打银行却并不支持。在前财政大臣巴伯尔（Barber）勋爵的领导下，标准渣打银行较为保守的董事会强烈反对将银行业与人寿保险混为一谈，并认为标银集团股票的价格过低。但是，标银集团董事会在当时已经越来越独立于伦敦，坚持自己的立场。在与戈登和拉普的交易完成后，标准渣打银行在标银集团的持股比例下降到约为51%。标准渣打银行还表示，尽管其没有任何放弃对标银集团控制权的打算，但是它倾向于对标银集团进行重组，以便伦敦仅在银行和相关业务中持有控股权。

1985年，为了提高资本充足率（主要是为了适应银行的强劲增长），标银集团安排了一次配股。当时，标准渣打银行自身的资本充足率也处于紧张状态，放弃了认股权，其在标银集团的持股比例降至41.9%，而利保人寿的持股比例增至24%。两年后，标准渣打银行决定出售其在标银集团的股份，这给了戈登梦寐以求的机会。戈登的副手和埃迪·希隆以及标准商业银行的同事们最终想出了一个绝妙的办法，对标准渣打银行的股份支付了公平的价格（和现金红利），从而使利保人寿获得了标银集团30%的股份，成为标银集团的单一最大股东（详见第四章）。

在世界范围内，商业环境的变化导致银行和保险公司开始激烈地相互争夺投资者的资金。每家公司都感到有必要为客户提供更广泛的产品。到20世纪90年代初，标银集团和利保人寿都建立了自己的资产管理和单位信托业务，以便为客户提供投资产品和服务。银行保险（bancassurance）——向银行的忠实客户群销售简单的保险产品，是另一个日益增长的国际趋势。

标银集团和利保人寿之间的交叉持股以及相互间产品的销售，远未达到全面的银行保险业务的水平。为了利用双方的资源，标银集团和利保人寿特别工作组于1990年举行会议，商议由标银集团与利保人寿的子公司——特许人寿（Charter Life），建立一个联合银行保险企业。拟议的业务模式要求银行为各种基本保险产品建立相应的平台和销售队伍，并准许其获取银行的客户资源。特许人寿将提供行政、会计和精算支持。双方在原则上达成了一致意见，但是此后几年，关于收益分配的问题迟迟没有得到解决。标银集团的国际顾问建议按八二分成，标银集团占80%，而戈登则认为五五分的股权和利润分配更合适。此外，标银集团和利保人寿对"family of institutions"的理解[①]不同，导致双方的分歧日益扩大，并达到了白热化的阶段，要么分道扬镳，要么合为一体。

在经过漫长的讨论之后，标银集团和利保人寿的首席执行官强烈表示，赞成将这两个集团完全合并到一个共同的母公司之下。在麦肯锡的协助下，标银集团和利保人寿的联合管理团队举行会议，商议合并的相关事宜。这次会议的报告证实了银行保险对这两个集团的益处。然而，在伦敦举行的另一次会议上，人们清楚地看到，这两个集团对各自的估值没有达成共识。双方在各自股票价值认识上的差距太大，以至于无法就合并进行进一步谈判。在1998年，戈登甚至几次试图将利保人寿在标银集团的41%股份出售给耆卫保险公司（Old Mutual）、桑勒姆保险公司（Sanlam）和莱利银行（Nedcor）。

1999年2月，戈登出人意料地宣布即将退休。利保人寿和标银集团的股价均大幅上涨，因为市场预期他的退休将为两个集团重启合并谈判以及达成银行保险协议扫清障碍。四天后，经过长时间的讨论，标银集团董事会批准了一项建议，即以55.95亿兰特的总金额收购利保资本公司

---

① 标准银行投资公司认为，"family of institutions"意味着通过它们结盟的协同增效作用，两个集团可以相互促进业务往来，实现互利，在所有条件相同的情况下，利保人寿将优先于其他保险公司，但这并不意味着给予利保人寿排他性的优惠待遇。而戈登主张，标准银行投资公司1983年承诺在促进利保人寿的利益方面进行"最大程度的"合作，因此自利保人寿有权享有标准银行投资公司的所有人寿和相关保险业务。

（Libvest）持有的LCC的50%股份，每股收购价格为136兰特，高于110兰特的市场价格。标银集团将成为该国第三大寿险公司、利保资本（Libvest）的子公司利保人寿的控股股东。这笔交易将为双方达成全面的银行保险安排铺平道路。M. H. 迈克·沃斯卢（MH Mike Vosloo）总结了董事会多数董事的观点："在短期内，这笔交易是昂贵的，但银行保险的协同作用将证明支付的溢价是合理的。"

M. H. 迈克·沃斯卢具有银行业背景，他的父亲吉迪恩·沃西（Gideon Vossie）是在标银集团长期任职的一位总经理，在比勒陀利亚度过了其职业生涯的后半段。

沃斯卢就读于比勒陀利亚男子高中（Pretoria Boys High School），并分别在 1962 年、1965 年获得比勒陀利亚大学（University of Pretoria）的学士学位和 MBA 学位。他 1962 年至 1968 年在南非储备银行工作，并于 1969 年加入了圣塔姆银行（Santam Bank），之后从那里被借调到约翰内斯堡银行（Bank of Johannsburg）。

M. H. 迈克·沃斯卢
（MH Mike Vosloo）

1978 年，沃斯卢加入了标准商业银行的管理层，并很快被任命为执行董事，负责所有银行事务。1983 年，他在哈佛大学接受了高级管理课程后，转到南非标准银行有限公司服务部担任总经理，一年后，被任命为公司服务部的高级总经理，管理公司银行、国际和财政部，负责该银行的外汇交易。

1986 年，沃斯卢出任南非标准银行有限公司总经理，1994 年担任标银集团总经理。沃斯卢性情温和，但行事果敢，因其银行管理能力而声名远扬。

他很快意识到，由于生长在欠缺全球竞争的温室之中，当地银行业很容易受到国外的攻击，并请来了麦肯锡和 IBM 的顾问，分别就运营效率和最佳技术利用提供咨询。他将该银行改组为四个单独的业务单位，这一举措虽然不是普遍流行，但却是必要之举。

1998 年，在莱利银行提出敌意收购要约后，沃斯卢决定该银行需要向股东提出新的"独立"议案，并选择提前一年退休。他以出色的服务和以银行最佳利益为重的态度得到了康拉德·施特劳斯董事长的褒扬。

2000年底，康拉德·施特劳斯辞去标银集团董事长的职务，利保人寿德瑞克·库博（Derek Cooper）继任了该职务，他和新任首席执行官雅科·马瑞（Jacko Maree）一起关注与利保人寿的关系，开始探索如何最大程度地发挥银行保险的协同作用。最终，两个集团在三个方案①中选择了"现状选择（the Status Quo Option）"，即保留现有的股权结构但显著增强合作关系。"现状选择"计划虽然并非没有风险，但能够加强标银集团和利保人寿久经考验的实力，还将创造一个广泛的销售渠道，汇集智力资本，提供规模经济。此外，由于标银集团已经控制了合并后的集团，因此不需要向利保人寿的少数股东购买昂贵的股权。该方案获得了标银集团董事会的一致批准。标银集团和利保人寿的资产管理业务合并为一家新的财富管理公司，标准利保称为标准利保公司（Stanlib），于2002年5月15日正式开业运营。标准利保公司成为金融服务领域的一支重要的新生力量，管理的资金总额约为1 650亿兰特，略次于第一兰特控股有限公司（First Rand）的1 760亿兰特，但离投资公司（Investec）1 800亿兰特、桑勒姆保险2 000亿兰特以及耆卫保险公司2 300亿兰特还有一些差距。

---

① 三个方案分别是：完全合并（a full merger）、标准银行投资公司出售或拆分自由人寿（the sale or unbundling of Liberty by Stanbic）、保留现有的股权结构但显著增强合作关系（retention of the existing shareholding structure but with a significant enhancement of the working relationship）。最后一个被称为"the Status Quo Option"。

德瑞克·库博在 21 世纪的前十年里担任标银集团董事长，他曾就读于捷普男子高中（Jeppe Boys High School）和威特沃特斯兰德大学（University of Witwatersrand），在威特沃特斯兰德大学获得了商品交易顾问资格，之后获得特许会计师资格。他与标银集团的机缘始于 1983 年，当时他成为标银集团旗下标准国家工业信贷公司的非执行董事。1993 年，他加入标银集团董事会，1999 年成为联席副董事长，2001 年成为董事长，此前他的职业生涯主要在巴洛兰德集团任职，担任该集团的副董事长和董事总经理。在 1999 年标银集团收购利保人寿保险公司之后，他接替唐纳德·戈登担任利保人寿保险公司董事长。

德瑞克·库博
（Derek Cooper）

库博在标银集团成功抵御莱利银行敌意收购企图的过程中，发挥了重要作用，他主持了负责监督抵御收购事项的董事会小组委员会。在接替康拉德·施特劳斯担任董事长后，他积极参加了标银集团采取的所有重大战略举措，包括引入工商银行作为合伙人和股东。他在银行业对《金融部门宪章》的支持中拥有突出地位，是标银集团转型进程的推动力。

尽管是非执行董事，但库博实际上是一名全职董事长，熟悉日常管理问题，努力了解标银集团面临的多重风险。他制定的许多准则帮助标银集团摆脱了 2008 年至 2009 年最严重的国际金融危机。

在德瑞克·库博漫长的职业生涯中，他担任过许多上市公司和行业机构的董事会成员，包括商业信托和商业反犯罪组织。作为南非商业领袖组织的董事长，且代表该国最大公司的首脑，他在振兴该组织、寻求使企业和政府在更具建设性的关系中走到一起等方面，发挥了重要作用。2010 年，他达到 70 岁的强制退休年龄，从标银集团董事会退休。

2005年4月，利保人寿以31亿兰特的价格购买了人寿保险资本联盟控股公司（Capital Alliance Holdings），以增加收入、提高效率和降低成本。标银集团的银行保险实体——利保兴业人寿（Liberty Active）［已成立15年的特许人寿（Charter Life）］，立即与新的收购整合起来，向低端市场的客户提供一系列物超所值的风险产品。

经过长达四年的业务结构简化，标银集团将商业活动与客户的需求更紧密地结合起来，不再强调地理位置，而转向产品为中心，将商业银行业务划分为零售银行业务（Retail Banking）和企业及投资银行业务（Corporate & Investment Banking）两大类，将改组后的集团划分为五个经营版块：零售银行业务（Retail）、企业及投资银行业务（CIB）、国际业务（International）、非洲业务（Africa）和利保人寿（Liberty）。利保人寿是财富管理和银行保险业务的主要组成部分。这一结构一直维持到2005年，当时财政部放松外汇管制以允许银行资产在南非境外使用，随后标银集团进行相应调整，以便更加灵活地进行资本分配。标银集团内部传统的地域划分进一步弱化，分为三个主要业务部门：个人和商业银行（Personal & Business Banking）、公司和投资银行（Corpoerate & Investment Banking）以及投资管理和人寿保险（Investment Management & Life Insurance）。

普惠金融业务

1994年末，一个专门为尚未使用过银行服务的顾客（unbanked customers，主要是黑人客户）设计的新设备首次进行了测试。由建屋互助协会前首席执行官R. S. K. 鲍勃·塔克（RSK Bob Tucker）领导的电子银行（E Bank）提供了一种简单、便捷、基于银行卡的电子银行服务，为低收入市场提供现金、储蓄和住房贷款，其根本目的是降低进入传统银行体系的文化障碍。这种新的银行业务最初包括两个产品——"电子计划"（E

Plan，一种集储蓄、交易和投资的账户）和"电子银行大众住房贷款"（E Bank Mass Housing Loan，与政府补贴一起打包提供给首次购房者）。客户可以通过已建立的分行、新的独立的电子银行网点、自动柜员机或选定的连锁商店进入电子银行。这两种产品非常受欢迎。尽管当时网络覆盖有限，但是根据南非标准银行1994年3月董事会记录第15页的记载，截至1995年底，"电子计划"账户的数量已经达到了106 000个，合计余额为2 700万兰特。

电子银行引起了国际关注。《华尔街日报》在头版刊登了一篇文章，介绍了南非银行业为尚未使用过银行服务的顾客提供银行服务的情况，并指出，没有哪家银行像标银集团那样采取积极或创新的行动向贫困社区提供金融服务。标银集团这一业务也是对曼德拉总统呼吁商业机构帮助满足国家下层民众期望的响应。两年后，华盛顿著名的史密森学会（Smithsonian Institution）将"电子银行/计划"列入其永久的IT研究收藏之列。

标银集团还有一些旨在使银行服务面向大众的其他举措。1994年，标银集团是组成社区银行的银行集团中的一员，社区银行是一种特许信贷合作社式的业务，汇集了乡镇居民的储蓄，并向未来的企业家提供小额启动贷款。几年后，标银集团和微型贷款业务快速增长的非洲银行组成了一个大众市场合资企业，通过115个自动电子银行网点提供联合品牌小额贷款。该合资企业运行了五年半才终止，向低收入的借款人提供了不少于582 000笔贷款。

然而，尽管有了"电子计划"和其他银行的产品，南非的大部分成年人仍然置身于银行服务系统之外。围绕《金融部门宪章》（*Financial Sector Charter*）进行的谈判明确了对全国性银行账户的需求：在一个78%的人口每月收入低于3 000兰特的国家，有必要建立全国范围的银行账户，使得人们更便捷地获得基本储蓄、交易工具和住房融资。结果，这可能是世界上第一次，4家竞争激烈的银行和半官方的邮政储蓄银行（Post Bank）通力合作，将它们的网络基础设施集中起来，向南非未享受银行服务的数百万人提供负担得起的银行服务。对这一被称为小额储蓄账户（Mzansi）的合作计划，标银集团的贡献是小额储蓄蓝色账户（Mzansi Blue Account），这是一个简便、可负担的交易账户，根据按笔支付的原则收费，可以在其他银行的自动柜员机上免费操作。2004年10月以来的前四个月里，共开设了近90 000个小额储蓄蓝色账户，余额合计为2 600万兰特。全国范围内，4个月里开设了超过600 000个小额储蓄账户，其中90%是新客户开设的。政府也发挥了作用，取消了借记账户和分期协议的印花税，从而进一步降低了小额储蓄账户的成本。

然而，小额储蓄账户合作计划仍然未实现其基本目标。虽然有500万个新的低收入客户（月收入低于3 000兰特）开设了小额储蓄账户，但只有60%的账户处于活跃状态，其余账户则处于休眠状态。农村客户发现搭乘出租车到镇上存入或提取少量现金的成本高得令人望而却步。由于管理费用高，所有银行在小额储蓄账户服务上都蒙受了巨大损失。

不过，小额储蓄账户在引领标银集团和其他银行为低收入市场开发替代性低成本产品方面发挥了催化作用。利用无所不在的手机作为交易渠道，在乡镇便利商店和其他零售网点设立银行设施，这些正是跨越南非传统分支行银行模式的划时代转变。标银集团积极参与将小额储蓄账户（以及其他）的客户转移到移动和零售银行，并通过设立无现金分行，为低收入客户提供服务，以此巩固电子银行发展。目前，标银集团在城市和乡镇的"银行商店（bankshops）"数量超过了全国的自动柜员机数量。

银行商店

社会福利补助每月向最贫穷的南非人发放数亿兰特补助金，但大有1 200万~1 500万人难以获得银行服务，而且容易受到犯罪分子的攻击。这些以前没有银行账户的个人的需求，正帮助推动着在这个重要的数字市场的创新，并降低银行交易业务成本。标准银行在开发新的"银行商店"渠道时，考察了远至巴西、墨西哥和印度尼西亚等国家的低成本银行产品的例子。然而，在这些国家中，没有哪个国家的手机银行像南非那样发达。

到2012年初，标准银行已经在南非各地的便利店和小酒馆建立了近10 000家"银行商店"。一名记者在《营业日报》上描述了约翰内斯堡附近的坦比萨镇的商业运作方式：

一个由40名代理商组成的小组只使用一部智能手机，便在全镇各地开设了新账户。客户会收到一张银行卡，而他们的操作系统、照片、居留证明和申报表都在手机上以数字形式记录下来，并发送给总部。这个过程需要五分钟。开户后，客户就可以用手机存款、取款、转账，或在标准银行在全国各地的乡镇上登记的8 000家"银行购物店"中的任何一家进行购物。

在当今注重成本的环境下，标准银行面临的挑战是如何从这些服务中获利。规模是其中的关键。用标准银行董事的话说，当"我们克服了银行服务的最大障碍——支付能力和可获得性"时，临界点就已经到来了。

社会责任

多年来，标银集团对自身的理念不仅仅停留在口头上，更付诸于行动。作为一个负责任的企业公民，标银集团要在促进社会经济发展、加强民生建设和支持民主方面发挥引领作用。在20世纪80年代，其履行社会责任的主要载体是标准银行基金会（Standard Bank Foundation），投资的重点领域是教育、医疗健康和社会福利、文化遗产和环境保护。除了为基金会的活动提供资金支持外，标银集团还在1991年向联合教育信托基金（Joint Education Trust）提供了3 000万兰特，该基金是南非企业为提高教育水平而联合设立的，由城市基金会（Urban Foundation）负责运营。

1994年选举之后，标银集团全力响应曼德拉总统呼吁商业界帮助建设南非民主社会经济基础的号召。标银集团仅在1994年一年对政府重建和发展计划（Reconstruction and Development Programme）的捐款估计就超过了40亿兰特，包括对住房贷款、小企业贷款、对国家住房补贴计划（及类似计划）的捐款等项目上的开支。标准商业银行（Standard Merchant Bank）是早期通过其结构化金融部门（Structured Finance Division）为实施《黑人经济振兴法案》（*Black Economic Empowerment*）提供融资的银行。后来，银行内部设立了一个专门的公共融资部（Public Finance Division），识别"重建和发展计划"相关项目，在具备商业可行性和可持续性的基础上为这些项目提供融资。此外，标银集团还进行了一个不太成功的尝试，即设立了一个黑人拥有的投资银行——安迪萨资本（Andisa Capital），其初衷是通过设立投资银行提高黑人在国民经济中的参与度，但是没有达到银行的预期，最终默默退出。

1996年，标银集团设立了一个数百万兰特的南非基础设施基金（South Africa Infrastructure Fund），该基金是世界上最大的股权基金之一，也是唯一由非洲投资的基金。基础设施基金的设立是为了给南部非洲发展共同体（Southern African Development Community）的交通、能源、水利和电信项目提供资金支持。由于投入资金超过500万兰特，标银集团是该基金的最大单一投资者。基金的第一个重大战略投资是马普托走廊收费公路（Maputo Corridor Toll Road）项目。

国家经济发展和劳工理事会（The National Economic Development and

Labour Council，Nedlac）是政府、劳工、商业和社区组织为应对南非的经济、劳工和发展面临的挑战而设立的，标银集团是其常任成员。标银集团的经济部门为该理事会的审议工作提供了大量信息。除了在该理事会的工作外，标银集团的经济部门在整个政治转变期间，持续与州和政府的官员进行高级别互动，银行的高级经济学家们为新的公务计划（a new Public Works programme）制定了初步政策文件。

1995年3月，曼德拉总统发起了国家商业倡议组织（National Business Initiative，NBI），这是一个将城市基金会（Urban Foundation）和商业协商运动（Consultative Business Movement）两个机构结合在一起的新组织，这两个机构在民主南非的诞生过程中作出了贡献。国家商业倡议组织继续并扩大了城市基金会在教育和住房方面的工作，很快扩大到公共和私人伙伴关系（PPP）、公共部门治理、地方经济发展和刑事司法。标银集团是国家商业倡议组织董事会的成员，是国家商业倡议组织响应总统号召帮助减少南非高犯罪率和暴力运动——商业反犯罪（Business Against Crime）的早期支持者。

1999年，标银集团在创立商业信托基金（Business Trust）方面发挥了重要作用。商业信托基金的原始议定书设想成立一个由大公司设立的基金，帮助解决南非的人力资本赤字问题，这也许是种族隔离年代遗留下来的最持久的问题。康拉德·施特劳斯是商业信托基金热情和坚定的倡导者，在国家过渡的早期阶段说服其他商业领袖，使他们认识到该倡议的极端重要性。由施特劳斯担任主席的南非基金会（South Africa Foundation）发挥了重要的协调作用。商业信托基金的资金来自于参与公司自愿缴纳的市场资本总额的0.15%，该基金帮助新政府创造就业，加强与企业界的关系。标银集团副主席萨基·马科左玛（Saki Macozoma）是该信托基金的联合主席。

萨基·马科左玛
（Saki Macozoma）

萨基·马科左玛曾任标准银行联席副董事长、利保人寿保险公司和标准利保人寿董事长。他在东开普省出生并接受教育，在那里深受黑人思想领袖史蒂夫·比科（Steve Biko）的影响。作为一个年轻的反种族隔离活动家，马科左玛在罗宾岛（Robben Island）被关押了五年。获释后，他加入南非教会理事会（South African Council of Churches），1990 年至 1992 年，担任非洲国民大会新闻和宣传部媒体联络处（Department of Information and Publicity）的负责人。

在南非啤酒厂（South African Breweries）短暂停留后，马科左玛在南非的第一个民主议会担任议员，1996 年离开政坛，成为半国营的南非铁路运输集团公司（Transnet）的董事总经理。他于 1998 年 10 月加入标银集团董事会，并于 2000 年被任命为联合副董事长。

作为 1991 年至 2008 年非洲国民大会国家执行委员会成员（National Executive Council）和罗宾岛委员会（Robben Island Committee）成员，马科左玛一直在新南非的商业和政治之间搭建桥梁，担任商业信托基金（Business Trust）联合主席，并担任高等教育委员会（Council on Higher Eductioin）、南非商业领袖组织（Business Leadership SA）、威兹大学理事会（Wits University Council）和夸祖鲁—纳塔尔爱乐乐团（KwaZulu-Natal Philharmonic Orchestra）主席。他是标准银行变革委员会（Transformation Committee）的主席，也是将变革目标转化为管理层业绩的主要推动者。2008 年，他接替德瑞克·库博担任利保人寿董事会主席。

马科左玛也是大企业工作组（Big Business Working Group）的主要成员，该工作组定期与姆贝基总统及其高级内阁同僚进行磋商。标银集团也是南非商业领袖组织（Business Leadingship South Africa）的创始成员，该组织是南非基金会的继任者，由南非60个最大的公司的领导人组成。

萨基·马科左玛和标银集团主席德瑞克·库博分别担任了南非商业领袖组织的主席和董事长。在2007年的一次采访中，马科左玛对政府和企业关系取得的进展表示惊讶："现在双方相互尊重，进行适当的对话；不再质疑商业爱国主义。"

标准银行体育场

1986 年，标银集团总部所在地约翰内斯堡庆祝"建城"一百周年。为了庆祝这一盛事，标准银行接管并升级了网球场，并在体育场内修建了一个相邻的室内运动场。标准银行提供了所需的 650 万兰特中的 400 万兰特，其余的由理事会提供。标准银行体育场作为一个会场立即取得了成功：它兼有国际网球比赛、流行音乐会、室内体育赛事、大会和会议，这使其成为约翰内斯堡新的里程碑。特别是对网球的电视报道，极大地提升了标准银行的品牌。除了主办标准银行国际男子职业网球协会世界双打网球锦标赛（Standard Bank/ATP World Doubles Tennis Championship）外，该体育场在 20 世纪 80 年代和 90 年代期间还是约翰内斯堡市中心一个很受欢迎的室内娱乐和运动场所。

标准银行美术馆

标准银行美术馆位于约翰内斯堡市中心，是南非领先的艺术展览场所之一。展览定期更换，展示当代南非艺术的精华，以及国际著名艺术家的作品，如马克·夏卡尔（Marc Chagall），巴勃罗·毕加索（Pablo Picasso），胡安·米罗（Joan Miro），伊尔玛·斯特恩（lrma Stern）和威廉·肯特里奇（William Kentridge）。标准银行将展览的选择权交给了一个独立的艺术专家小组。

该美术馆还发挥着重要的教育作用，定期举办艺术家和艺术评论家的讲座。

标准银行青年艺术家奖

标准银行青年艺术家视觉艺术奖（Standard Bank Young Aritst Award for Visual Art）已成为南非的首要艺术奖项之一。该奖项由国家艺术节（National Arts Festival）于20世纪80年代初发起，自1984年以来一直由标准银行赞助。该奖项在范围和规模上都有所增长，涵盖音乐、歌剧、爵士乐、舞蹈、戏剧和电影。

该奖项奖给年龄较小、尚未获得国家或国际承认，但在相当长的时间内完成了杰出工作的艺术家。

走向平等

到20世纪80年代末，南非显然已站在重大政治和社会变革的边缘，标银集团也不得不迅速适应快速变化的政治和商业环境。1989年，标银集团指出，如果不最终"以经谈判协商后的形式"实行全面的、非种族的投票权，那么政治上就不可能形成公正且持久的解决方案。标银集团警示，仅是政治解放是不够的，需要创造足够的就业岗位、提高人民的生活水平，需要经济不断增长为支撑。

标银集团还意识到推进黑人员工招聘、培训和晋升方面的紧迫性。1992年员工全面调查结果显示，白人男性的职业选择是具备吸引力的，反之非白人男性则倾向于认为工作环境存在偏见，甚至敌意。为了着手解决这些问题，标银集团采取了一项名为"走向平等"的战略行动计划，旨在消除歧视，让所有员工都能充分发挥潜力。在给管理层的信息中，首席执行官迈克·沃斯卢直言："我们迫切需要改变。我们不能再满足于自认为现在进展速度已经足够快的天真幻想。"

索韦托遗产信托

索韦托遗产信托基金（Soweto Heritage Trust）是在纪念 1976 年学生起义 20 周年的一个摄影展览上产生的项目，由标准银行公共事务部门（Public affairs Division）提出构想，并与约翰内斯堡大都会委员会（Johannesburg Metropolitan Council）联合设立一个合资企业来实现。该基金会于 1997 年成立，目的是纪念索韦托在南非反种族隔离斗争和实现民主中的作用。早期在曼德拉已故的私人医生恩萨托·摩特拉那（Nthato Motlana）大夫的主持下，该信托基金保存并修复了奥兰多西区（Orlando West）的赫克托彼得森纪念馆（Hector Peterson Memorial）和附近的反种族隔离斗争先驱曼德拉、西苏鲁及其他人故居等历史遗迹，并帮助在著名的镇区建设了旅游基础设施。今天，索韦托遗产区有一个游客中心、一套视听设施和一条古迹观光路线，是外国游客想了解更多"老"南非生活的主要景点。1998 年 3 月，克林顿总统和他的妻子希拉里访问南非时参观了该区域。克林顿在赫克托彼得森纪念馆发表讲话，向那些为摆脱种族隔离制度而斗争的人们表示敬意，并献上了花圈，以纪念 1976 年 6 月 16 日索韦托起义的牺牲者。

为了监督"走向平等"计划的实施，标银集团于1995年成立了一个由7人组成的独立平权监察小组，由德高望重的鄂诺思·马布扎（Enos Mabuza）担任主席，他是标银集团的首批黑人领袖之一。当时，监察小组的概念在南非很罕见——几乎没有公司准备好接受如此程度的自我检查。小组的日常工作是解决工作场所发生的歧视问题。

然而，尽管出发点很好，但平权监察小组还是未能实现预期目标，于是在1998年，标银集团内部成立了一个"变革部"，接替监察小组的部分职能，由总部经理莫拉几乐·舒恩雅内（Morakile Shuenyane）负责，从而更有力地开展员工权利和平权行动方面的工作。2000年，莱利银行并购竞标被否决后，标银集团成立了一个高层委员会，成员包括首席执行官和银行董事会的五名成员，由董事会副主席萨基·马科左玛负责管理，从而给变革注入了新的动力。马科左玛指出了前进的道路，强调银行的首席执行官必须成为变革的倡导者，并亲自推动这一进程。德瑞克·库博认为，变革必须成为业务的驱动力，而不是附属于业务。董事会的一名黑人成员则表示，关于变革，银行已经讨论了12年，时不我待，现在应当有所作为。

在2002年8月举行的政府金融部门峰会上，标银集团的主席德瑞克·库博代表业界发言："我代表的是金融部门，包括银行、人寿和短期保险公司……如果相信在大多数人缺乏合理的繁荣水平的情况下，有些人可以这边风景独好，那将是徒劳的……今天对我们来说，是一个分水岭。所有四个选区都有效地参与制定了框架协定，这标志着一个新的开端。下一步是利用这一框架作为制定《金融部门宪章》的第一投入要素。"

《金融部门宪章》是对南非银行业理事会（South Africa's Banking Council）确定的种族隔离之后需要解决的十大重要问题之一的正式应对举措。据黑人商业理事会（Black Business Council）称，《金融部门宪章》作为"所有宪章之母"，经过了10个月的密集谈判，其条款才获得业界代表和代表23个协会的黑人证券和投资专业人员协会（Absip）代表的认可和公开签署。该宪章要求金融行业改善获得银行服务的机会和对黑人企业的资助，增加金融行业中黑人管理人员的数量，并扩大该领域中黑人的所有权。《金融邮报》（Financial Mail）报道，围绕金融宪章的讨论，就像在南非民主大会长达4年的宪法谈判一样，包含着"同样激烈的游说、热烈的争论、咄咄逼人的姿态和反思"。

标银集团高管在谈判过程中发挥了关键作用：首席执行官雅科·马瑞（Jacko Maree）是行业的三名代表之一，而标银集团的高级管理人员肯尼迪·本噶内（Kennedy Bungane）则是黑人证券和投资专业人员协会三人团队中的一员。《金融邮报》报道，《金融部门宪章》"得到了所有的11个重要行业机构的支持，将启动对最关键经济部门的改革"。

J. H. 雅科·马瑞终其职业生涯一直是标银集团的职员。他曾就读于南非格雷厄姆斯顿的圣安德鲁斯学院（St Andrews College），并且是圣安德鲁斯学院的优等生，在斯泰伦博斯大学（University of Stellenbosch）毕业后取得商贸学学士学位，之后获得了赴牛津大学就读的罗兹奖学金，在牛津大学被授予政治、哲学和经济学一等荣誉学位。1980 年，他回到南非，加入了标准商业银行的公司理财部。在标准商业银行担任多个职位后，他于 1991 年出任董事总经理，并于 1995 年出任新成立的标准企业及商业银行董事总经理。三年之后，他被任命为标银集团的副首席执行官，并于 1999 年初成为南非标准银行董事总经理。当迈克·沃斯卢提前退休时，马瑞显然是集团首席执行官继任者的最佳人选。在他 44 岁时，成为标银集团历史上最年轻的首席执行官。

J. H. 雅科·马瑞
（Jacko Maree）

马瑞在并购竞标期间对标银集团的领导以及随后几年的管理工作，使得他在国内和国际上享有盛誉。为了让标银集团迅速取得高质量的发展，马瑞组建了一个新的更年轻的管理层团队，改组并精简业务操作，并通过与南非和国外的工作人员进行互动来激励他们。他的方法立即取得了成功，并获得了该国最大的商业报纸的认可，成为该报纸 2004 年年度商业领袖。同年，威兹商学院（Wits Business School）授予他年度卓越管理奖。2007 年、2008 年和 2009 年，《Ask Africa》的"信任度调查研究"提名他为南非最值得信赖的首席执行官——这对银行家来说是一项殊荣。

作为南非银行业协会前主席、黑人经济赋权行动的坚定支持者，马瑞是该国开创性的《金融部门宪章》的推动力量，也是向标银集团黑人雇员分配股份的推进者。在说明自己为什么认为黑人经济赋权行动是必要的和正确的时，马瑞告诉《标准银行》杂志，当他有幸在斯泰伦博斯大学和牛津大学读书时，标银集团副董事长萨基·马科左玛当时"仍在罗宾岛，或是正在为我们今天所经历的美好时代而奋战"。2011 年，马瑞回应南非财政部部长普拉文·戈登（Pravin Gordhan）的质疑，宣布他将捐赠未来收入的十分之一，用于黑人学者的教育。

马瑞在工商银行收购标银集团 20% 股权的谈判中所扮演的角色帮他树立了国际形象。伦敦《金融时报》（*Financial Times*）将他列为新兴市场领袖之一，"这些领袖在他们各自的地区帮助塑造了经济"。

在 2010 年接受麦肯锡咨询公司的采访时，马瑞证实标银集团正试图将自己定位为非洲大陆"走出去"的银行。他说："作为一个成长中的金融服务集团，可以发展国内业务，也可以建立跨境业务。我们正在努力做到这两点。"2013 年，雅科·马瑞到龄卸位 CEO。2018 年，雅科·马瑞被任命为南非总统特命全权大使，负责南非国企改革和招商引资工作。◪

为了表明诚意，标银集团迅速采取行动，执行《金融部门宪章》的所有权规定。根据黑人所有权倡议（Black Ownership Initiative），标银集团将其南非业务10%的权益（或其发行股份的7.5%）交给了黑人战略合作伙伴——黑人振兴法案联合体（Tutuwa Consortium）、银行现在和未来的黑人雇员以及社区信托基金（Community Trust，由区域商业和社区团体组成）。现有股票以4.71%的折扣（或每40.50兰特股份折扣15分）从现有股东手中买回，并在一个价值43亿兰特的交易中进行重新分配。利保人寿也进行了一次类似的交易，价值为13亿兰特。2003年，标银集团以5 500万兰特的价格收购了拉马福萨（Ramaphosa）的赋权公司MCI［山杜卡集团（Shanduka）的前身］15%的股份，此后，标银集团又以5 000万兰特的价格收购了萨菲卡控股公司（Safika Holdings）20%的战略股份，以进一步推动黑人所有权倡议（随后，标银集团将其持有的5%萨菲卡控股公司股份出售给了利保人寿）。

这一赋权交易是迄今为止任何行业中最大的一次交易，采用一个独特的结构提供资金，使受益人能够有能力支付其20多年的股份。虽然有人批评标银集团偏袒两位著名的政治人物，但举足轻重的公共投资公司（Public Investment Corporate）持有标银集团11.6%的股份，赞成一项有利于约2 500名黑人经理人的措施，并使他们成为该集团第七大强有力的投票团体。一位在《金融邮报》上撰文的黑人记者评论说，标银集团的赋权计划将产生"革命性的结果，并可能对未来的战略赋权结构产生巨大影响"。

2004年，黑人在标银集团南非员工人数中占比58%，在管理层中占比30%，标银集团总的黑人经济赋权（BEE）分数为52.94分（满分100分）。三年后，三分之一的董事会成员和24%的最高层管理人员都是黑人。黑人经理占了整个管理层的49%。标银集团的BEE分数增加到96.39分（满分100分），价值33亿兰特的货物和服务是从黑人拥有的企业采购的。

到了2010年，标准银行员工种族多元化的速度进一步加快。过去十年中，黑人高管增加了十倍（达到123人），经理增加了八倍（达到4 099人）。分配给黑人经理的股票平均价值为每一位经理619 215兰特。标银集团于1997年设立的研究生发展方案征聘了378名有才干的年轻人，其中黑人占50%，女性占40%。

弗雷德·法斯瓦纳
（Fred Phaswana）

2010年，德瑞克·库博达到了强制退休年龄，辞去了标准银行董事长职务。弗雷德·法斯瓦纳接替库博担任了标准银行集团董事长，成为标准银行集团有史以来第一位黑人董事长。弗雷德在南非的路易斯特里哈特（Louis Trichardt）出生并接受教育，获得了北方大学（University of the North Turfloop）的学士学位、南澳大学（University of South Australia）的南非荷兰语硕士学位（优等生），并且在2010年获得南澳大学的政治、哲学和经济学学士学位。1965年4月加入英国石油公司（British Petroleum）后，他稳步升迁至南非英国石油公司（BP southern Africa）董事长兼首席执行官，并担任非洲英国石油公司（BP Africa）地区总裁。他活跃在许多非商业领域，于2001年接替康拉德·施特劳斯博士，担任南非国际事务研究所（South African Institute of International Affairs）主席。

2002年，他成为南非英美资源集团（Anglo American Corporation of SA）的董事，2006年担任南非英美资源集团和英美铂业有限公司（Anglo Platinum Ltd.）的董事长，同时兼任南非铁路运输集团（Transnet）的董事长。

2010年，他放弃了在南非英美资源集团的职位，先后成为标银集团的董事和董事长。新董事长的经验和风格与他的前任不同，他给标准银行带来了他长期在非洲经营商业的经验。

第二节　重返世界舞台

在经历了数十年的国际孤立之后，在总统弗雷德里克·威廉·德克勒克以及南非人民期待了27年之久的领导人纳尔逊·曼德拉发起了非同寻常的政治变革下，南非得以在20世纪90年代重新进入国际金融市场。国际政治形势的剧变帮助并推进了德克勒克释放被监禁的非洲国民大会领导人的决定，开启了对南非政治前景的磋商。标银集团的伦敦母公司标准渣打银行在1987年决定出售其在拥有135年历史的南非子公司的剩余股东权益，从而开启了标银集团在国际舞台上以独立的姿态脱颖而出的新征程。由于新独立的标银集团的国际战略建立在南非市场比较有限的基础之上，随着时间的推移不得不到海外去寻求业务的新增长点。

2000年以来，在时任CEO雅科·马瑞的领导下，标准银行雄心勃勃地"走出非洲"，力图将标准银行打造成一个全球化的新兴市场银行，标准银行先后在美国、英国、中国、中国香港、中国台湾、俄罗斯、巴西、日本、新加坡、阿根廷、土耳其、阿联酋、泽西岛、马恩岛等地建立分支机构，最多时标准银行机构覆盖非洲以外14个国家和地区。

重回欧美

1987年中，标准商业银行执行主席、标银集团董事副总经理E. P. 埃迪·希隆被派往伦敦，准备要建立一个全新的独立经营实体。同时，为准备国际业务扩张，标银集团在苏黎世和香港设立了代表处以维持与代理银行的联系。

当埃迪·希隆的律师问他想给银行在伦敦的新业务起什么名字时，他望着窗外寻找灵感。一个写着"卢德盖特马戏团（Ludgate Circus）"的广告牌催生了"卢德盖特贸易融资有限公司"（Ludgate Trade Finance Ltd.，后来的卢德盖特咨询服务公司Ludgate Advisory Services，以下均简称卢德盖特公司）这个初创公司的名字，公司以300万英镑这个比较适中的资本金为基础开始投入运营。该公司作为标银集团在伦敦的大本营，将为标银集团在促进南非、非洲、其他新兴市场和世界其他地区之间的贸易（特别是在大宗商品方面）打下基础。

巴伯尔（Barber）勋爵

从希隆以前在标准渣打银行的经历来看，他熟知许多伦敦的银行家。然而，这一次，这些银行家却出奇地难以捉摸。没有人愿意被看到与一位南非银行家公开交易，会议必须在酒吧里才能进行，并且是非正式的，而不能在官方正式场所。尽管标准渣打银行董事长巴伯尔勋爵与保守党政府关系密切，但他也无法帮助标银集团在英国开设代表处，更遑论获得银行牌照了。据谣传，玛格丽特·撒切尔在英联邦压力下向工党领袖尼尔·基诺克（Nel Kinnock）保证，她不会推进任何一家南非银行在伦敦发展事业。一个更可能的原因是，在英国运营的另一家南非银行机构出现了违约情况，所以英格兰银行在此事得到纠正之前不会受理任何新的牌照申请。

希隆发现一些美国、英国和德国公司愿意进行贸易，主要是通过易货的方式用工业品换取大宗商品。此外，卢德盖特公司还向在南非共和国境内有子公司的企业出售"南非标准银行暂停债券"（SA standstill debt），这些子公司希望以较低的折扣获得南非兰特资金。到1990年，卢德盖特公司已经有30~40名员工，为客户提供一系列专业的贸易和投资服务，包括境外资产和资金管理、对冲工具和投资组合管理。

南非政治局势逐渐趋于平稳，使得卢德盖特公司与英国银行机构的关系变得缓和。尽管标银集团在英国银行牌照的申请排在南非银行机构之后，但由于其申请准备充分，得以超越其他竞争对手，成为自1985年债务展期以来第一个获得英国执照的南非银行机构。1992年，卢德盖特公司更名为标准银行伦敦有限公司（Standard Bank London Limited，以下简称"伦敦标准银行"，后于2005年更名为标准银行公众有限公司Standard Bank Plc.），它的社会地位因伦敦市长和英格兰银行行长出席了其正式开幕仪式而得到认可。

伦敦业务的扩张

1991年末，标准商业银行负责人皮特·普林斯路（Pieter Prinsloo）被派往伦敦，接替银行的候任董事总经理埃迪·希隆。作为来自一个仍然受到经济制裁、没有信贷额度、没有存款基础和资本很少的"流氓"国家的机构，普林斯路和他的团队在一个银行遍布的城市里面临着一项艰巨的任务：以非常规的方式赚取利润。他们认为，其专长在于新兴市场债务、南非股票交易（还衍生了外汇交易）和贸易融资业务（即对来自非洲的出口商的债务贴现）。所有这些业务的目的都是降低标银集团资产负债表压力，当时其资产只有3 500万英镑。

虽然伦敦的业务迅速取得了成功，但是普林斯路与布朗希普利公司副董事长理查德·曼塞尔·琼斯（Richard Mansell Jones）于1992年召开的会议成为一个转折点，导致伦敦团队并购了后者在马恩岛和泽西岛的资产管理业务。这使得新形成的伦敦业务能够获得一个存款基础，并在排外的伦敦建立了一定程度的可信度。

此后不久，标银集团向前迈出了实质性的一步，它于1992年4月1日收购了一个由当时活跃在南非、东欧、中东和菲律宾的美国银行家大卫·菲尔德（David Feld）领导的新兴市场业务团队（到2000年，这个团队数量增长到80人）。菲尔德和其同事以各种形式的新兴市场债务产品在那些名义风险远大于实际风险的国家进行交易，获得了较大的收益。

除了艾尔顿金属有限公司外，标银集团基本金属（base metal）业务的另一个重要补充是2000年在伦敦金属交易所收购了法国铝业集团佩希内（Pechiney SA）的场内交易部门。

伦敦的新团队加快了国际扩张的步伐，于1992年5月收购了著名的英美银行——布朗希普利公司（Brown，Shipley & Co.）在马恩岛(Isle of Man)和泽西岛（Jersey）的业务，从而使其能够为南非的公司和个人提供一系列新的境外服务，并使其在海峡群岛拥有一个相当大的存款基础［布朗希普利公司较早时期的合伙人之一是经济大萧条时期英格兰银行的传奇行长蒙塔古·诺曼（Montagu Norman）］。伦敦标准银行的员工人数很快超过了90人，而泽西岛和马恩岛的收购又带来了另外90多名员工。

伦敦标准银行决心回到20世纪早期的老本行，再次进行贵金属（包括黄金和白金）交易，并于1994年将其注册资本增加至1.03亿英镑，以此强化其资产负债表。伦敦标准银行收购了在英国从事矿产交易、大宗商品交易和结构融资业务的艾尔顿金属有限公司（Ayrton Metals Limited），通过货币和衍生产品的方式加大业务量，并引入可覆盖包括香港和纽约业务在内大范围银行业务的体系。艾尔顿金属有限公司是伦敦金银市场白金和钯金交易的主席，在伦敦金融城享有很高的声誉。

标银集团当年的另一个成就是设立了标准银行（离岸），这是标银集团的全资控股子公司，注册资本为100万英镑。标准银行（离岸）后来由若干位于泽西岛、马恩岛和毛里求斯等境外管辖区的子公司组成，这些公司为个人和公司客户提供广泛的服务。1999年，标准银行（离岸）以约2 000万英镑收购了泽西岛的拉扎德兄弟公司（Lazard Brothers & Co.）的个人银行、信托和企业管理业务。

1995年初，伦敦标准银行收购了标准渣打银行在马恩岛的业务，以巩固集团离岸银行业务的存款基础，新业务以马恩岛标准银行（Standard Bank，Isle of Man）的名义进行交易。由于资产负债表规模相对较小，伦敦标准银行在1996年将其注册资本增加至2亿英镑。截至同年9月30日，其资产规模已达到10.63亿英镑。

在美国纽约，标银集团在1994年时隔多年后又重回那里，由伦敦办公室设立了一家经纪商——标准银行纽约有限公司（Standard New York Inc.），其初始资本为50万美元。新公司有三名交易员，并与伦敦标准银行从事的业务类型相同，但不接受客户存款。此外，南非标准银行还在纽约开设了一家代表处，位于与花旗银行中心在莱克星顿（Lexington）大道的同一栋大楼里。在早期，纽约代表处进行大宗商品、外汇、高收益证券和南非上市股票的交易，并向客户提供贸易融资和项目融资产品。

2015年1月，标银集团与工商银行达成协议，出售了标银集团位于伦敦的全球市场业务的控股权：全球市场业务的经营主体标准银行公众有限公司（Standard Bank Plc.，由原来的伦敦标准银行于2005年更名）60%的股权由工商银行收购，并因此更名为工银标准银行公众有限公司（ICBC Standard Bank Plc.）。详细情况参见本书第六章第二节。

亚洲新兴市场

标银集团在非洲以外的第一个国际分支机构设在中国台湾的台北。1981年，标银集团在台北举办了一个研讨会，并考虑在台北设立分支机构。很快，标银集团意识到，分支机构申请设立的进度显然将取决于一家将要在南非开展业务的台湾银行是否获得互惠许可证。因为南非银行注册处并不准备给予台湾银行优先于"其他申请人"的待遇。因此，标银集团决定改为在台北设立代表处。台湾"当局"于1983年正式批准了该申请，银行新任命的香港代表 W. 比尔·麦凯（W Bill Mackay）将台湾合并进他管辖的业务领域。

五年后的1988年9月，标银集团正式获准在台北开设分行。台北分行从南非借调了两名经理来管理当地新增的18名职员，并于1989年1月开始营业。"鉴于台湾银行业固有的风险"，台北分行只提供有限的银行服务，谨慎地将其业务限制在一定范围内。然而，它在第一年的运营中就取得了盈利。

1995年在香港，伦敦标准银行亚洲有限公司（Standard London Asia Ltd.）开始营业，成为一家接受存款的金融机构。由于香港毗邻庞大的中国内地市场，所以很早就也被伦敦标准银行确定为长期战略的一个关键要素。

2001年，标银集团以1.2亿美元的价格，从摩根大通私人银行手中收购了怡和弗莱明集团（Jardine Fleming Group）的银行业务——怡和弗莱明银行有限公司（Jardine，Fleming Bank Ltd.，以下简称弗莱明银行）。弗莱明银行的总资产为18亿美元，在香港货币市场上占有重要地位。此次收购后，更名为标准银行亚洲有限公司（Standard Bank Asia Limited），使标银集团获得了在中国香港开展业务的全牌照，并为其能够在快速增长的东南亚国家联盟区域扩展业务提供了一个强大的平台。2001年的另一项进展是，标银集团通过建立标准商业银行（亚洲）有限公司［Standard Merchant Bank (Asia) Ltd.］——一家由新加坡当局管理的持有亚洲货币许可证的商业银行，加强了其在新加坡的经营。

标银集团更为重视中国内地市场，早在1999年就在上海设立了代表处，并分别于2004年和2009年设立了标准资源（中国）有限公司和标银投资咨询（北京）有限公司，拓展中国内地的业务，具体情况详见本书第六章。

俄罗斯新兴市场

俄罗斯丰富的石油资源经济提供了各种机会，伦敦标准银行于1997年在莫斯科设立了一个代表处，并配备了三名全职雇员。由于俄罗斯银行机构希望为其部分外债进行再融资，伦敦标准银行出售了俄罗斯政府债券，并在俄罗斯政府的支持下通过持有相关基础资产来对冲风险。18个月后，在亚洲市场危机和油价下跌的影响下，俄罗斯经济直线下滑，叶利钦政府突然放弃了对卢布的防御，卢布迅速贬值，卢布兑美元贬值了40%，外债的偿还也被延期了90天。

经济动荡时期谣言加速蔓延，有谣言称伦敦方面暗示包括标银集团在内的许多国际银行机构都过度暴露于卢布的风险之中。在南非，谣言更是甚嚣尘上，这迫使标银集团出面公开澄清其面临偿付风险的谣言。人们当时认为标银集团在俄罗斯的实际风险敞口至多达1亿美元（6.5亿兰特），

勇士国际有限公司
(Warrior International)

1997年，为了给崭科尔公司（Gencor）[后来成为比利翁公司（Billion）] 等国际矿业公司提供咨询服务，伦敦标准银行收购了 Warrior International Limited 的专业矿业融资团队。本次收购后，其作为伦敦标准银行的 Warrior 部门开展业务，极大地增强了标银集团的资源银行业务和融资并购业务。

虽然首席执行官 M. H. 迈克·沃斯卢（MH Mike Vosloo）尽力指出，这个数字最终将取决于俄罗斯当局与国际金融界之间达成的协议，故而难以量化，但伦敦标准银行必须在其1998年的报表中计提7 770万美元的损失。

1998年9月，伦敦标准银行在伦敦召开了一次特别董事会会议来讨论俄罗斯的债务违约问题，并重新考虑伦敦标准银行是否应留在新兴市场。与会者认为在新兴经济市场开展业务不仅是伦敦标准银行存在的理由，而且还是其核心业务。董事会不仅决定将伦敦标准银行的注册资本增加5 000万英镑，而且还决定再承诺2 500万英镑以应对俄罗斯债务偿付问题。当时负责俄罗斯事务的马丁·博塔（Martin Botha）用债务换取大宗商品出口公司股份的方式，为偿付债务提供资金。

到1999年10月，也就是一年多之后，卢布危机已经缓和。伦敦标准银行能够收回高达6 950万美元（近90%）的款项，以减少俄罗斯业务的风险敞口（并在随后6个月内在俄罗斯取得可观利润）。迈克·沃斯卢评论道，他不知道还有哪家国际银行能如此成功地收回在俄罗斯的损失。

2002年，俄罗斯经济已从20世纪90年代后期的冲击中恢复过来，从事资源银行业务和贸易融资业务的银行获得了具有吸引力的回报。2003年，伦敦标准银行获得了在俄罗斯联邦开展业务的公司银行执照，并通过在莫斯科开设投资银行——标准银行来拓展其业务，作为对办事处的扩充，并扩大在当地的经营。标准银行成立之时，办事处就关闭了。

俄罗斯拥有丰富的大宗商品资源，在21世纪前10年的中期提供了另一个诱人的增长机会。随着伦敦商业与俄罗斯最大的几个出口商之间的业务增长，位于莫斯科的标准银行扩大规模以容纳大型企业客户的需求也在增长。伦敦标准银行决定与一家大型俄罗斯银行建立伙伴关系，最终与俄罗斯最成熟的经纪和投资银行——三巨头对话集团（Troika Dialog Group）建立了战略伙伴关系。2009年，标银集团通过将其在标准银行的股份（价值1亿美元）转换为一家更大的合并银行的股权，由此持有三巨头对话集团33%的股份。三巨头对话集团在整个独立国家联合体（即苏联）提供一系列资本市场、投资银行和资产管理服务。

然而，与三巨头对话集团的伙伴关系结果并不令人满意，回报率低于预期。在俄罗斯经济迅速复苏的情况下，竞争加剧导致三巨头对话集团的规模缩小。2011年，标银集团决定出售其持有的三巨头对话集团股权给予俄罗斯最大的银行——俄罗斯联邦储蓄银行。标银集团出售了其持有的36.4%的股份，获得了3.72亿美元。雅科·马瑞公开表示，标银集团是一个"不情愿的"卖家，并将通过继续保持与三巨头对话集团和俄罗斯联邦储蓄银行的关系，密切参与俄罗斯的业务。

南美新兴市场

自20世纪90年代末以来，伦敦标准银行一直紧紧地盯着南美新兴市场。当时，标银集团从总部位于迈阿密、从事债务资本市场交易的索斯摩尔国际银行（Socimer）手中收购了一支团队。1998年，标银集团在巴西最大城市圣保罗开设了一个代表处，以加强债务资本市场业务和贸易融资方面的业务，并很快扩展到金属贸易业务和项目融资业务。

在开局良好的情况下，标银集团在巴西申请投资银行执照。这是一个大胆的逆向投资计划，伦敦标准银行负责人罗布·莱斯（Rob Leith）回忆说，标银集团进入巴西之时，投资者正从新兴市场"逃离"。科技的繁荣达到了高潮，很少有投资者对黄金、白银和石油等"旧经济"时代的大宗商品感兴趣。大宗商品资源丰富的巴西刚刚选出新一任总统，被视为风险较高的新兴市场之一，其基准主权债券为"C"级处于"违约区"。寻求融资的巴西公司不得不求助于像标银集团这样"特立独行"的银行。标银集团在其他投资者纷纷离去的时候在巴西投资并坚持到底，得以建立起客户基础，并在大宗商品重新流行、该国成为吸引投资者的磁石时，建立起良好的关系网络。

标银集团在2002年底获得了投资银行牌照，巴西标准银行（Banco Standard de Investimentos SA）于2003年开业，初始资本仅有5 000万美元，在国库券、资本市场、福费廷业务和贸易融资以及公司和项目融资业务方面寻求机会。没过几个月，巴西标准银行就已经成为巴西大公司在非洲开展业务所需的负债和项目融资（主要在伦敦）的引领者。

2008年，为了推进标银集团新的"同一个企业与投资银行部门（One CIB）"战略，巴西标准银行成为标银集团全球运营模式的一部分。在巴西的增长取决于两个支柱：建立国内公司客户基础；在采矿和金属、石油、天然气、电力和基础设施、电信和媒体等领域，将新兴市场（特别是中国）的客户连接起来。为了支持这一宏大的计划，标银集团承诺向巴西再提供3.7亿美元，其中1.2亿美元分配给巴西标准银行，2.5亿美元分配给一个私人基金用于投资巴西的公司。此外，巴西标准银行还聘请了40名工作人员，其中包括咨询团队和商品交易员，加入到巴西的110名工作人员中。标银集团还将其美洲总部斗士国际公司（Warrior International）从纽约迁至圣保罗，将巴西置于其新兴市场增长战略的核心地位。

除了巴西，阿根廷是标银集团在南美洲的第二大投资国。标银集团在阿根廷首都布宜诺斯艾利斯设立了代表处，因而有机会以较低的价格收购荷兰国际集团（ING Bank NV）在该地的业务。2006年，阿根廷标准银行（Standard Band Argentina SA）的资本约为2 500万美元，开启了服务阿根廷公司市场的大门。当时，标银集团已在与美国银行（Bank of America）进行谈判，以收购其子公司——波士顿银行（Bank of Boston）在阿根廷的大部分资产，包括位于布宜诺斯艾利斯的一家大型零售分行和约90家其他零售点。这次收购最初引发了南非银行注册处的反对，几经周折才在阿根廷得到批准，标银集团持有扩大后的公司76.7%的股份，剩余23.3%的股份由两个本地家族持有。阿根廷标准银行作为提供全面服务的银行，有2.25亿美元的资本基础，于2007年4月3日正式开业。

2012年，在"回到非洲"的战略调整下，标银集团将阿根廷标准银行的控股权出售给中国工商银行。不过，为了发展与工商银行的伙伴关系，并"帮助阿根廷与非洲以及包括巴西和中国在内的其他新兴市场建立联系"，标准银行保留了阿根廷标准银行20%的股份。

波士顿银行

波士顿银行的最初历史，可以追溯到1784年1月第一个周四成立的马萨诸塞州银行（The Massachusetts Bank）。马萨诸塞州银行认为其是根据美国联邦特许批准的美国第一家股份制国有银行，是第二家根据美国宪法成立的银行。该行资助了该州美国贸易商团乘坐"土耳其皇帝号"首航中国进行贸易。1786年初到达广州，成为第二艘到达中国的美国商船。自此波士顿与中国的贸易关系十分密切。1791年，马萨诸塞州银行又资助了美国军舰至阿根廷的第一次航行，建立起了与阿根廷及拉丁美洲的商贸联系。一百多年时间内经历连续并购，并改名为波士顿银行。1917年在阿根廷设立波士顿阿根廷银行。1999年波士顿银行与美国富利银行合并，成为美国第八大银行。2004年美国银行并购富利波士顿银行。2007年标准银行伙同收购了美国银行拥有的阿根廷波士顿银行，收购后南非标准银行持有75%的股份，25%的股份由阿根廷Werthein和Sielecki两大家族持有。当时波士顿银行在阿根廷17个省开设103家分行，位居阿根廷第12大银行。银行更名为南非标准银行（阿根廷）。2011年8月4日，中国工商银行和南非标准银行同时宣布，工商银行收购南非标准银行（阿根廷）80%的股权，收购及注资该行共投资约6.8亿美元。南非标准银行保留剩余的20%的股权。这是中国银行业第一次在南美的收购，第一次进入阿根廷的银行业市场。

中东新兴市场

1997年，迪拜被选作向中东和印度市场销售俄罗斯黄金和白银的代表处所在地。在金价面临压力的时候，标银集团买入当地的黄金珠宝，从而得以迅速扩大其黄金业务。在迪拜开设代表处近10年后的2006年，伦敦标准银行获得了金融服务管理局颁发的全面银行牌照。这个新分支机构旨在加强标银集团在区域黄金市场的地位，并扩大在伊斯兰金融领域的业务。

迪拜

在黄金行业工作了 17 后，杰弗里·罗兹（Jeffrey Rhodes）于 1995 年加入伦敦标准银行以帮助发展其贵金属业务。1997 年 2 月，罗兹仅带着一个小行李箱和商业计划被派往迪拜，随后立即着手建立黄金和贸易融资业务。不到两年，伦敦标准银行从迪拜进口的黄金实物使得南非与阿拉伯联合酋长国的双边贸易从零增加到 40 亿兰特。

1999 年 9 月，欧洲中央银行出人意料地宣布了一项《中央银行黄金协定》，限制向国际黄金市场出借和出售黄金的数量。这导致黄金价格在不到三周的时间内从每盎司 255 美元飙升至 340 美元。就迪拜的黄金商人而言，他们已经习惯了廉价的黄金融资（中央银行愿意以 1% 的价格借出）与长达 18 年的熊市的组合。银行对用于对冲实物黄金持有量的纸黄金追加保证金，则对黄金市场的稳定构成了严重威胁。

由于意识到其在迪拜的客户不是投机商，而是黄金珠宝批发商，他们持有与纸黄金对冲的黄金珠宝，伦敦标准银行在 9 月 26 日星期天（也就是《中央银行黄金协定》发布的当天）连夜安排收集和储存来自主要客户的珠宝，并为伦敦标准银行基于这些客户的利益向其他黄金银行交付提供担保。这一举动是如此地成功，以至于 9 月 27 日星期一在迪拜开业时，黄金市场几乎没有任何波动。一旦市场安定下来，珠宝就以它原来被收回的形式归还给了商人。

标银集团的举动改变了迪拜黄金市场的商业经营方式，标银集团也成为中东地区领先的贵金属银行。

土耳其基于在中东的地缘战略的重要性，是另一个对标银集团具有特别吸引力的新兴市场。1999年，标银集团在其金融首都——伊斯坦布尔开设了一个代表处，作为其在土耳其、巴尔干地区、高加索和东地中海地区业务（主要是贸易融资业务）的区域性基地，主要从事福费廷业务。2002年，标银集团收购了全国投资证券公司（Ulusal Yatirim Menkul Kiymetler AS），该公司是证券交易商和伊斯坦布尔证券交易所的成员。这次收购使伦敦标准银行能够直接参与土耳其资本市场，并为当地投资者提供广泛的国际产品和服务。针对在经纪代理商业务上取得的进展不足的情形，伦敦标准银行又收购了知名的土耳其投资银行杜恩达斯·文鲁证券公司（Dundas Unlu Menkul Degerler）AS 67%的股份，这是一家有着全牌照证券和经纪业务的银行。新公司——标准文鲁银行（Standard Unlu）的总部在伊斯坦布尔，于2007年开业，拥有90名员工，伦敦标准银行因此能够显著扩大其对土耳其企业和机构市场的服务范围。2012年，在"回归非洲"的战略调整下，标银集团将标准文鲁银行的控股权出售。

截至2017年底，标银集团已经在伦敦、北京、香港、纽约、迪拜、圣保罗等全球主要金融中心建立了业务联系，使得标银集团可以充分利用全球资本进行投资和发展，并实现在非洲业务的增长以及多元化发展。

第三节　重返非洲

当20世纪80年代后期，标银集团开始再次走出南非边界时，非洲的银行业还是一项危险的事业。经济增长缓慢、基础设施落后、电信设施缺乏以及定期的断电，使得许多国际银行远离非洲大陆，只有少数顽强的金融机构例外。本地银行的业务则因资金短缺和技能不足而受到阻碍，银行之间的竞争有限。

另一个限制银行发展的因素则是政府干预。大多数非洲国家在独立后加强了对银行的控制，并试图指挥银行的贷款业务，从而导致商业风险评估状况糟糕，贷款市场不佳。活跃在撒哈拉以南非洲的少数欧美银行以高价向企业客户和富人客户提供服务，而本地银行则以一般大众为目标客户。然而，对于那些准备冒险进入非洲的银行来说，尽管风险较高，但银行业务的回报还是有吸引力的，其利润率往往比其他市场要高三倍。

收购澳新建利银行非洲业务

1992年，标银集团收购了澳新建利银行在非洲的银行网络，从而使其回归非洲的进程取得了长足的进步。澳新银行集团（Australian and New

Zealand Banking Group）成立于1828年，并于1984年收购了英国的建利银行，后者在非洲和亚洲拥有多年的全面银行业务经验。

经过数月的艰苦谈判和尽职调查，标银集团获得了澳新建利银行在博茨瓦纳、乌干达、赞比亚、津巴布韦、扎伊尔和肯尼亚的银行的控制权，并获得了在尼日利亚和加纳的银行的少数股权。澳新建利银行在这些地方有25家分行和1 400名员工，所有员工都重新接受了培训以确保工作的连续性。本次收购价格总额为2 365万美元（或1.66亿兰特），仅相当于标银集团已发行资本的5%，标银集团通过发行2 470万股股票获得这些收购交易的资金。

此次收购使得标银集团与其前母公司标准渣打银行可以相抗衡。标银集团决定由约翰内斯堡管理其非洲银行网络，并在贸易、资产管理和银行业务方面将与伦敦密切合作。收购澳新建利银行的非洲分行资产，意味着标银集团的非洲银行集团（African Banking Group，ABG）已经在11个国家拥有了69家分行。

对澳新建利银行非洲业务的收购将标银集团带回了多年前曾开展过业务的几个国家。标银集团的短期战略是，在向新领域扩张之前先整理好这些新的收购，明确发展方

非洲银行集团

1989 年，非洲银行集团成立并作为一个独立的实体对标银集团在非洲的业务进行监管。起初，非洲银行集团管理着西南非洲公司、博普塔茨瓦纳公司以及新控股的斯威士兰公司。1998 年，非洲银行集团改组了其管理层，消除了共同货币区银行（在纳米比亚、斯威士兰、博茨瓦纳和莱索托）与之前澳新建利银行之间的间隔。

1999 年，非洲银行集团更名为 Stanbic Africa Holdings（本书均统称为非洲银行集团）。截至 2017 年底，非洲银行集团管理着博茨瓦纳、加纳、科特迪瓦、坦桑尼亚、乌干达、赞比亚、肯尼亚、尼日利亚、津巴布韦、刚果、马拉维、毛里求斯、莫桑比克等国的银行业务；而莱索托、纳米比亚、斯威士兰、安哥拉等非洲国家的业务暂未纳入非洲银行集团直接管理。

非洲银行集团的业务主要包括商业和零售银行、资产管理业务和各种形式的贸易融资。银行客户包括跨国公司、外国大使馆、企业用户和商业客户。

向。标银集团开始逐渐将现代银行技术引入其非洲业务，因为它相信这将成为"高盈利、高质量银行业的主要决定因素"。

谈判

埃迪·希隆带着愉悦的心情回忆与澳新建利银行的谈判。通过小道消息了解到澳新建利银行有意剥离其在非洲的银行以便更专注于环太平洋地区的机会后，董事长康拉德·施特劳斯、希隆和麦克·沃斯卢飞到澳新建利银行的总部墨尔本，并在落地几小时内被带至董事长办公室，几分钟后讨论就结束了。当得知要价是 8 000 万美元时，标银集团的三人起身告辞了。当他们要离开的时候，澳大利亚人问他们何时返航，并建议"明天出发前来喝杯咖啡吧"。到第二天早上，要价已经降到 4 000 万美元，但仍高于三人愿意考虑的价格。

虽然这三人还是空手而归，但与澳新建利银行依然保持着联系。伦敦标准银行特别热衷于扩大其在非洲的贸易融资业务，而当伦敦新上任的负责人皮特·普林斯路（Pieter Prinsloo）得知澳新建利银行打算将其非洲的资产出售给莱利银行时，他很快说服了约翰内斯堡提出更高的价格并完成了这笔交易。在格雷姆·贝尔（Graeme Bell）和他的团队进行了一系列尽职调查和谈判之后，交易在伦敦达成，价格比澳大利亚人初始报价低了一半多。

中部和南部非洲业务

在斯威士兰王国，标银集团重返非洲最开始的目的地就是这里。斯威士兰三面与南非接壤、东面与莫桑比克接壤，是1968年获得独立的前英联邦保护国。该国人口略超100万人，多数是斯威士兰人，是非洲大陆民族最单一的国家之一。糖作为其主要出口品，和木材一起构成这个小而多样化的经济体的基础，其与南非的商业有着紧密的联系。

1987年，标银集团收购了一家融资租赁银行斯威士兰融资公司

（Finance Corporation of Swaziland Ltd.）49%
的股份，购买的条件是提供一份全面的商
业银行牌照并更改银行的名称。1988年3月
1日，由标银集团、斯威士兰政府和瑞士投
资者拥有的斯威士兰联合银行（Union Bank
of Swaziland，以下简称联合银行）开业。
标银集团负责对新银行进行管理，新银行的
注册资本增加到5亿里兰吉尼（以斯威士兰
货币计算）。由于标准渣打银行在斯威士兰
存在已久，"标准银行"一名不能使用，
因此才选择了"联合银行"这一名字。联合
银行开始在姆巴巴纳（Mbabane）和曼齐尼
（Manzini）运营，有68名职员，提供全面
的零售银行、商业银行和外汇服务。在第一
个完整的交易年内，联合银行就成为斯威士
兰两家历史悠久的银行巴克莱银行和标准渣
打银行的竞争对手。

1992年，标银集团收购了瑞士投资者
持有的联合银行21%的股份，从而将其持
股比例提高到70%，联合银行也于两年后
更名为斯威士兰标准银行（Stanbic Bank
Swaziland Ltd.）。最后，联合银行于1997年
收购了巴克莱斯威士兰银行（Barclays Bank
of Swaziland）60%的股份，并与之合并为斯
威士兰标准银行有限公司（Standard Bank
Swaziland Ltd.）。其中，斯威士兰政府持有
新公司的少数股权。

托尼·莱特（Tony Wright）

托尼·莱特出生于肯尼亚，是一位经验丰富的建利银行家，作为澳新建利银行并购项目的一部分，其随后加入了位于约翰内斯堡的标准银行。当时，大多数非洲国家已放弃外汇管制，并在多种货币的环境中开展业务。尽管南非国内银行相当复杂，但该国已习惯于以一种受外汇管制的单一货币开展业务和会计核算。莱特通过谈判获得澳新建利银行同意，延长了三年的技术宽限期，标准银行利用该期间构建了银行客户管理体系和多币种的计算机信息系统。这些适应非洲业务进行调整是非常困难的，这使得莱特常常思考，是否标准银行知道是什么原因让自身处于困难的境地。尽管初期困难重重，新的收购（尤其是在乌干达和津巴布韦）迅速给标银集团的投资带来了回报。

在博茨瓦纳，该国是昔日的英国保护国，钻石丰富并且种族单一，1965年获得独立，并努力与白人统治的南非保持距离。1990年，标银集团仍以联合银行的名义申请银行牌照，以避免与在全国各地均设有分行的标准渣打银行发生混淆，但是遭到拒绝。一年后，南非紧张的政治局势得以缓和，空气中弥漫着发生重大变革的气息，博茨瓦纳当局改变了主意，给予了银行经营许可证。新的博茨瓦纳联合银行（Unionbank of Botswana）于1992年3月开业，提供全面的银行服务，包括租赁业务、分期付款购买业务和外汇业务。35名工作人员中大多数是博茨瓦纳人。联合银行的业务很快与博茨瓦纳的澳新建利银行（ANZ Grindlays Bank）的业务合并。

在津巴布韦，标银集团在离开了36年后重新进入了前罗得西亚殖民地。到1956年，当控制权转移至伦敦时，罗得西亚的一些标银集团分支机构已经处在南非的运营下。自那以来，两国的分支机构通过伦敦的标准渣打银行保持着密切的联系。新命名的津巴布韦标准银行（Stanbic Bank Zimbabwe）继续开展澳新建利银行的零售和商业银行业务，其14个分支机构均设在主要的城市中心，与其前母公司构成直接竞争。

津巴布韦营业场所

然而，收购澳新建利银行在津巴布韦的业务进展并不顺利，并一度阻碍了与澳新建利银行之间整个交易的完成。津巴布韦的非洲平权行动组织（African Affirmative Action Group）要求将目前南非银行机构持有的51%至80%的股份交到由该行动组织挑选的国民手中。然而，标银集团立场强硬，只有30%的股份通过当地的证券交易所提供给津巴布韦黑人。

在不到两年的时间里，由于在持股问题上的强硬立场以及拒绝接受由政府任命的官员参与管理，津巴布韦标准银行与穆加贝政府的关系急剧恶化。在当时实行外汇管制的情况下，津巴布韦标准银行就一项撤资交易向一名客户提供咨询意见，导致外汇流出 1 000 万美元，其外汇牌照被吊销。随后的对峙持续了一段时间，直到非洲银行集团同意以优先股的形式将 1 000 万美元转到津巴布韦标准银行后才得以解决。这使得津巴布韦标准银行由非洲银行集团全资控股。不久，在标银集团的协助下，津巴布韦标准银行在津巴布韦烟草的生产和出口方面发挥了主导作用。

津巴布韦业务

在标银集团收购澳新建利银行后的一段时间里，标准渣打银行前银行家格雷格·布拉肯里奇（Greg Brackenridge）领导了津巴布韦标准银行。他发现，自己陷入了一种令人不快的境地，因为退伍军人对穆加贝政府提出了要求，随后的土地入侵对津巴布韦的财政造成了巨大负担。津巴布韦标准银行的许多抵押品都是在农场的"土地"，传统的收债方法也成为一纸空文。作为津巴布韦银行家协会的主席，布拉肯里奇与政府谈判达成了一项协议，大意是流离失所的农民可以收获他们的作物，从而偿还他们的贷款。津巴布韦标准银行最终得以收回其大部分未偿付的贷款。

2005 年中，标准渣打银行的另一位前银行家品第·尼安多罗（Pindi Nyandoro）接任了布拉肯里奇的职务，那时，严重的通货膨胀使津巴布韦元实际上一文不值。她所面临的挑战是，在一个每小时价格都在变化的环境中控制成本，几乎所有的津巴布韦人，包括工作人员在内，都在交易从灯泡到文具等各种商品，以维持收支平衡。在为银行订购供应品时，尼安多罗通常不得不索要多达五条报价。作为保护其资产的一种方式，津巴布韦标准银行被迫投资于商业地产、公共汽车和其他机动车辆以及燃料库存。尼安多罗解释说，在这种情况下，"异常现象变得正常，纸面上的巨额利润是虚幻的，而不是真实的"。

在莱索托，标银集团以1 450万兰特的最终价格收购了巴克莱银行在内陆国家莱索托的业务。莱索托标准银行（Standard Bank Lesotho Ltd.）于1995年2月1日成立。4年后，莱索托标准银行收购了政府所有的莱索托银行（Lesotho Bank）70%的股份，并签订了管理协议以接管后者的业务。标银集团向私有化后的莱索托银行注入了3 500万兰特的新资本，莱索托政府也投入了1 500万兰特。这次收购意味着标银集团控制了位于山麓地区的莱索托国家的两个全牌照银行：莱索托标准银行和莱索托银行。这两家银行一共拥有23家分支机构，在该国的银行业中占据主导地位。

在马拉维，标银集团获得了马拉维商业银行（Commercial Bank of Malawi）60%的多数股权。马拉维商业银行是该国第二大银行，在全国各地有13家分行和5家办事处，约900名工作人员，其总部和五个分部设在布兰太尔（Blantyre）。这次出售是马拉维私有化计划的一部分，标银集团获得了40%的市场份额。马拉维商业银行于2004年更名为马拉维标准银行（Stanbic Bank Malawi），2007年更名为马拉维标准银行（Standard Bank Malawi）。

在毛里求斯，南非储备银行和毛里求斯当局在2001年批准设立标准银行（毛里求斯）离岸银行部［Standard Bank(Mauritius) Offshore Banking Unit］，坐落于路易斯港（Port Louis）。离岸银行部是为了便利非洲内部贸易而设立，资本为2 000万美元。2004年，毛里求斯实行了新的银行法，取消了离岸银行和当地银行之间的区别，标准银行（毛里求斯）有限公司［Standard Bank (Mauritius) Limited］成立了。

在莫桑比克，作为前葡萄牙殖民地，标银集团很早就在此开展业务，直到政治因素介入。尽管标银集团从财务上核销了在莫桑比克的投资，但它仍持有莫桑比克标准托塔银行（Banco Standard Totta de Mozambique SARL，BSTM）的少数股权。到1996年，标银集团此前5%的持股比例已降低到0.72%。于是，标银集团决定收购额外的40%的股权，以恢复与莫桑比克标准托塔银行的长期关系，而这部分股权当时大部分由葡萄牙人持有。标银集团的持股比例提高到了40.72%，但经营管理仍由莫桑比克标准托塔银行负责，标银集团可以任命一名董事副总经理。2003年，标银集团以2 150万美元（或1.48亿兰特）购买了莫桑比克标准托塔银行股份的55%，从而使其持股比例提高至96%，后来又逐渐将持股比例提高至98.14%。莫桑比克标准托塔银行于2004年2月更名为莫桑比克标准银行（Standard Bank SARL Mozambique）。

在安哥拉，作为非洲增长最快的经济体之一，十年来标银集团一直关注。1994年，标银集团在马普托（Maputo）和罗安达（Luanda）设立了代表处，但由于石油资源丰富的安哥拉发生了政治动荡，驻罗安达的职员瓦斯科·门德斯（Vasco Mendes）很快就搬到了马普托。2009年，在经过几年来旷日持久的谈判后，标银集团获准在这个石油和天然气资源丰富的国家，开设一个全面的银行子公司。安哥拉标准银行（Standard Bank de Angola S.A.）于2010年11月开业，总部在罗安达，主要为公司客户特别是在采矿和农业领域的客户提供服务。一年后，标银集团宣布计划在其安哥拉的业务中额外增加12个分行。

在赞比亚，当政府决定解除对公共部门的管制并放松外汇管制后，标银集团收购了建利银行的当地业务，与此同时，该国的经济活动也开始活跃。这给采矿业、旅游业和其他服务行业带来了大量投资，并大大增加了其与南非之间的贸易量。因为可以免费获得良好的耕地，津巴布韦和南非的农民走进了赞比亚。通过南非这条进出口路线，以前运往欧洲的农产品的运输变得更快、更便捷。赞比亚标准银行（Stanbic Zambia）成为外汇市场兰特货币的主要供应者，其在南非的母公司能够协助赞比亚政府出售其半官方的企业和商业公司。赞比亚标准银行扩展到全国各地，工作人员超过500人，为公司部门和高净值个人提供服务，在铜矿领域尤为活跃。

东部非洲业务

在肯尼亚，政府大量干预私营部门导致营商环境艰难。标银集团曾在1911年首次进入肯尼亚，现在又回到了这个国家。在1925年控制权转移到

内罗毕营业场所

伦敦总部之前，标银集团在肯尼亚运营一家分行，由南非进行管理。肯尼亚标准银行（Stanbic Bank Kenya）最初只在内罗毕和蒙巴萨设立了两家分行（后来增加到三家），主要向从事茶叶产业和进出口贸易的公司提供各种银行服务。几年后，肯尼亚标准银行通过自动柜员机网络向零售银行业务拓展。

1997年，持有40%股份的肯尼亚政府未能履行其通过配股发行向肯尼亚标准银行提供200万美元额外资本的承诺，其持股比例减少到18%。标银集团的持股比例增加至82%。然而，政府要求标银集团在五年内将在肯尼亚的银行股份的30%在当地证券交易所上市交易。这一要求是荒唐的，因为肯尼亚标准银行只有两家分行，而且由于之前坏账的原因，几乎没有盈利。一年后，政府放弃上述30%股份上市交易的要求，肯尼亚标准银行通过发行新股使其资本增加了600万美元。此时，肯尼亚政府再次拒绝行使其股东权利，标银集团因此持有89.5%的股份，剩余的股份由政府持有。

2007年，经过紧张的谈判，肯尼亚标准银行在肯尼亚收购了CfC银行有限公司（CfC Bank Limited，也称为CfC集团）的多数股份，后者是一个提供银行、经济、人寿和一般保险服务的金融服务集团。标银集团用肯尼亚标准银行100%的股份，换得了新的合并实体CfC标银控股有限公司（CfC

Stanbic Holdings Limited）41.4%的股份，新
公司银行部门的名称为肯尼亚CfC标准银行
（CfC Stanbic Kenya）。标银集团随后收购了
新公司价值9 000万美元的股份，使其持股比
例达到了60%。这家新公司是肯尼亚资产规
模第四大的银行。收购CfC银行并非没有插
曲，雇员们提出了补偿11亿肯尼亚先令退休
金的要求，随后法院暂时叫停了合并交易。
在标银集团为雇员们的要求提供了担保以及
另外2亿肯尼亚先令（2 590万兰特）的进一
步担保之后，合并才得以继续进行。肯尼亚
CfC银行现在是一个全方位的服务银行，有
超过700名员工，有20多家分行和代表处。

在乌干达，标银集团在第一次世界大战
期间是东非英国陆军的官方合作银行。标银
集团在收购澳新建利银行非洲业务的同时，
以650万美元收购了乌干达政府持有该银行
的49%的股份，最终在新成立的乌干达标准
银行（Stanbic Bank Uganda）持有100%的股
份。当时收购的条件是在五年内将银行股权
的30%出售给乌干达国民。

标银集团随后收购了国有乌干达商业
银行（Uganda Commercial Bank）80%的股
权，该银行被称为"处于乌干达经济核心的
银行"。乌干达商业银行成立于1965年，其
宗旨是让土著乌干达人能够获得银行服务，
且实际上也是坎帕拉以外的乌干达人唯一的

乌干达业务

将国有乌干达商业银行80%的股份以1 950万美元的价格出售给标银集团，并将政府剩余的20%股份转换为合并后银行的10%股份，引起了乌干达议会的强烈反对，并导致议会任命了一个特设小组委员会来调查这项交易。议员们对这一交易表达了不满，但媒体对他们的论点不屑一顾，指出，乌干达农村人口现在将能够获得以前仅限于坎帕拉和其他城市中心的现代化的、先进的银行服务。乌干达央行行长图姆斯伊姆·木图比勒（Tumusiime Mutubile）对这笔交易进行了激烈的辩护，并宣称交易是"不可逆转的"，他说："对于批评我的人，我可以说上帝保佑你们。让那些反对银行出售的人见鬼去吧。"

银行服务提供者。它的零售网络（68个办事处）与标银集团的公司银行合并，组成了乌干达标准银行（Stanbic Uganda）。虽然收购乌干达商业银行的价格很高，但其在会计年度结束时支付的一笔可观的股息，使得标银集团能够实现其最终的价格目标。新的乌干达标准银行成为全国性的零售银行，并成为该国支付系统的一个重要组成部分。

乌干达标准银行首次公开发行10亿股股票，这是该国有史以来规模最大的首次公开发行。这些股票分别以70乌干达先令的价格发行，到2007年初该银行上市时，已超额认购200%。公司股价在上市首日上涨了两倍，使乌干达标准银行的市值达到了5亿美元。

坦桑尼亚是标银集团唯一一个没有从澳新建利银行手中收购银行的东非国家。当有机会向坦桑尼亚扩张时，非洲银行集团开始申请银行牌照。泛非银行集团梅里达银行（Meridien BIAO）已陷入困境，这使得坦桑尼亚当局陷入严重窘迫境地，因为梅里达银行是自1967年《阿鲁沙宣言》（Arusha Declaration）银行业国有化之后允许设立的第一家私营银行。

进入坦桑尼亚

佳美·贝尔（Gaeme Bell）是非洲银行集团驻约翰内斯堡办事处的负责人，他接到坦桑尼亚中央银行行长打来的一个电话：

"他告诉我梅里达银行的业务正在被接管，并且他想知道标银集团是否有兴趣收购这些业务。行长说他要关闭梅里达银行并且不得不面对沮丧的公众。他强调，我们只有不到三天的时间对这次收购进行尽职调查。"

"我和我们的尽职调查团队第二天一早飞到了达累斯萨拉姆，夜以继日地工作以赶上最后期限。在银行里不停地工作是一种奇怪的经历，而外面的顾客却迫不及待地叫嚷着要钱。幸运的是，人群被当地警察控制得很好。我们一重新开门营业，顾客们就会争先恐后地取款，但在我们找机会公布收购消息后，情况就逐渐发生了逆转。"

非洲银行集团的营运主管查尔斯·怀特（Charles Whyte）回忆为1995年5月2日的坦桑尼亚标准银行开业做准备的日夜工作：

"电脑的硬盘和其他重要记录都不见了。我们不知道是否能够收回贷款，因此我们假定我们无法收回的所有梅里达银行的债务，这意味着在坦桑尼亚政府签署的约3 000万美元的账簿上出现了一个漏洞。"

"5月2日上午6点30分左右，我们开业了。梅里达银行的大约3 000名零售客户中，有许多人排起了长队取款，但我们的员工加入了人群，说服许多顾客将他们刚取走的现金重新存入银行。在银行稳定下来之前的3~4个月里，我一直在负责管理这家银行。"

1995年初，标银集团以600万美元收购了处境困难的梅里达银行坦桑尼亚业务，为在坦桑尼亚建立一家新银行铺平了道路。根据法院向坦桑尼亚中央银行行长发布的法院指令，梅里达银行的坦桑尼亚业务由政府接管，并出售给标银集团。坦桑尼亚标准银行（Stanbic Bank Tanzania）继续经营梅里达银行的三个分行，其中两个在达累斯萨拉姆（Dar es Salaam），第三个在阿鲁沙（Arusha）。此外，另一家分行于1998年在姆万扎（Mwanza）设立。2006年，等值1 000万美元的资金注入坦桑尼亚标准银行。

在21世纪前十年中期，肯尼亚标准银行发现自己面临着一个非同寻常的机遇。联合国驻苏丹南部石油资源丰富的自治地区特派团跨越肯尼亚边界，希望通过一家声誉卓著的银行输送发展资金，并要求为分散在该国的工作人员提供银行服务，其领土面积大约为南非的一半。苏丹南部的主要商业银行尼罗河商业银行，向肯尼亚标准银行提出了援助请求。在标准银行纽约办事处的帮助下，一个现金管理系统得以设计出来，以满足联合国的具体要求。联合国在苏丹南部的基地是朱巴（Juba），该地的尼罗河商业银行（Nile Commercial Bank）分行开设了350个个人账户。该组织的业务费用也是通过这一渠道支付的。随着2010年南苏丹独立，其他银行也迁入了该地区。政治和经济的发展颇具前景，新国家之间业务往来增加，推动CfC标准银行于2012年在南苏丹首都朱巴开设了分行。

2015年，标准银行又在埃塞俄比亚设立了代表处，以应对业务快速增长的东非地区。

西部非洲业务

标银集团从未在资源丰富的西非地区开展过业务，直到收购澳新建利银行的非洲业务，才使其在此站住了脚跟。

在加纳，标银集团在加纳商业银行（Merchant Bank Ghana）拥有30%的少数股权，能够任命一名董事副总经理，并能在该国推进南非的业务。1999年，标银集团未能与持股55%的本地股东就增加标银集团在加纳商业银行权益的协议达成一致。由于加纳中央银行的政策是不增加银行牌照的数量，标银集团收购了联邦抵押银行（Union Mortgage Bank）93%的股份，该银行持有牌照并且拥有优越的经营场所位置，但却从未开门营业。加纳标准银行（Stanbic Bank Ghana Limited）获得了银行牌照，可以提供全面的商业银行业务。新银行于12月开业，在阿克拉（Accra）有一家分行，在特马（Tema）有一家代表处。和在其他非洲国家一样，其主要竞争对手不是别人，正是当时占有加纳市场50%份额的标准渣打银行。

在尼日利亚，标银集团持有尼日利亚建利商人银行（Grindlays Merchant Bank of Nigeria）40%的股份和管理控制权，将其更名为尼日利亚标准银行（Stanbic Merchant Bank Nigeria Ltd.）。2002年，标银集团通过配股发行将尼日利亚标准银行的资本增加到10亿奈拉，之后又注资1.85亿美元，以满足尼日利亚中央银行提出的150亿奈拉的最低资本金要求。这项投资的目的是使标银集团能够在非洲最大和最有可能获利的市场之一寻求进一步并购的机会。

鉴于尼日利亚在非洲大陆上的战略重要性，以及为了满足尼日利亚中

拉各斯营业场所

央银行的最低资本要求，标银集团将尼日利亚标准银行与尼日利亚 IBTC 银行（IBTC Chartered Bank of Nigeria）合并，组成标准 IBTC 银行（Stanbic IBTC Bank）。新银行在 2008 年 3 月在拉各斯（Lagos）正式成立，以公司业务和投资银行业务为主，有 61 家分行。标准 IBTC 银行的成立是标银集团在南非以外的国家中最大的单笔投资，使标银集团成为非洲大陆资产规模最大的银行。

在刚果民主共和国（旧称扎伊尔 Zaire），在收购澳新建利银行并成立扎伊尔标准银行（Stanbic Bank Zaire）后不久，一桩 1986 年的外汇欺诈案即被发现，涉案金额达数百万美元。银行超过五分之一的工作人员被发现参与了这次欺诈并被立即开除。扎伊尔中央银行接管了这

扎伊尔银行业

一般来说，在蒙博托·塞塞·塞科（Mobutu Sese Seko）统治下的扎伊尔，银行业务一直都是冒险业务。蒙博托的将军们对他们的资金安全是如此地关注，以至于派了一个排的士兵将金沙萨的银行营业场所二十四小时包围起来。他们也会时不时来到银行查看保险柜，确保他们的资金安全。银行员工因此在那里堆放了大量的现金，这样可以使得将军们很高兴。

1993 年末，由于部分银行员工因欺诈而被立即解雇，将军的一些士兵在中央银行的指令下侵占了当地的标准银行。在南非领事最高级别的干涉下，该分支机构于 1994 年 1 月回到标准银行的控制中。除开一些业务损失之外，银行的其他事务还处于正常秩序。

家新银行，但两周之内，标银集团就成功地推翻了这一裁决，重新获得了管理控制权。虽然由于挪用公款和货币贬值造成了损失，但是扎伊尔标准银行的资本很快就增加了。

1997年，扎伊尔标准银行更名为刚果标准银行（Stanbic Bank Congo SARL），总部设在金沙萨（Kinshasa），后来在采矿区中心的卢本巴希（Lubumbashi）设立了一个分行，向企业客户、多边机构和非政府组织提供现金管理服务。

卢本巴希经历

早在1995年，扎伊尔标准银行的董事总经理就渴望在卢本巴希开设一家分支机构，当时他和非洲银行集团首席执行官格雷姆·贝尔（Graeme Bell）从金沙萨飞往矿产丰富的地区进行前景评估。

"我们降落在灌木丛中的飞机跑道上，那里没有控制塔，只有破旧的、无人居住的建筑，除了在跑道一侧的欢迎会外，没有人迹。在我们和机组人员进入采矿城之前，飞机就被锁起来了。"

"尽职调查结束后，车子将我们载回飞机跑道，然后我们朝飞机走去。当我们走近飞机时，三名'童子军'从跑道旁的长草丛中走出来，他们身着冒牌的军装，挥舞着AK47突击步枪，脖子上挂着额外的弹夹。他们走过来和我们说话，显然是希望能得到一些钱。幸运的是，我们用留在飞机上的土豆片、糖果、饼干和冷饮将他们收买了。"

"这种令人气馁的经历促使我们将在卢本巴希开设分公司的时间推迟到未来的某个时候……"

在科特迪瓦，标银集团自2013年开始关注该国市场，于2014年初以小型核心团队形式在该国开设了代表处，并在2016年获得当地银行牌照。2018年，为进一步巩固在西非法语区的业务，标银集团在阿比让（Abidjan）开设了一家持牌银行，专注于响应当地企业和投资银行客户的需求，并可将该地作为一个理想的区域枢纽，辐射贝宁、布基纳法索、几内亚比绍、马里、尼日尔、塞内加尔和多哥等国。

到21世纪之交，在整个撒哈拉以南非洲的广泛发展，已使标银集团成为非洲大陆银行服务的重要提供者。在标准渣打银行从南非撤走并拿走其非洲资产仅仅12年后，标银集团已经取得了长足的进步，再次成为非洲的强大力量。它已经开始吸引那些关注非洲资源的国际金融机构的注意。

2007

Standard Bank

第六章
架起中非合作的金融桥梁

至今

半个多世纪以来，中非友好经历了历史岁月和国际风云变幻的考验，树立了南南合作的典范。中国是世界上最大的发展中国家，非洲是发展中国家最集中的大陆，13多亿中国人民致力于实现中华民族伟大复兴的中国梦，10多亿非洲人民致力于实现联合自强、发展振兴的非洲梦。为了共谋发展，同迎挑战，双方于2000年创立的中非合作论坛，历经几代国家领导人的共同努力，全方位、实质性地推进了中非新型战略伙伴关系的发展，2015年12月4日中非合作论坛约翰内斯堡峰会将中非新型战略伙伴关系提升为全面战略合作伙伴关系。中非之间进入了一个全面、快速发展的黄金时期，经贸往来迅猛发展。银行作为中非经贸合作的输血者，积极谋篇布局国际化发展战略，其中的翘楚当属标银集团和工商银行，这两家银行之间的战略合作架起了中非经贸合作的金融桥梁。

第一节　战略合作新起点

　　自2000年中非合作论坛成立以来，中非关系进入了21世纪发展快车道。在标银集团与工商银行2008年正式确立战略合作关系之前，中非贸易额从2000年的106亿美元增加到2008年的1 072亿美元，年均增幅34.7%，高于同期中国外贸增幅10.9%，中国从而一跃成为非洲第二大贸易伙伴。截至2008年底，中国对非各类投资累计达260亿美元，中国在非洲49个国家设立的境外企业达1 600多家，占中国对外投资企业总数的12.9%，非洲成为中国第四大海外投资目的地。

　　面对中非合作带来的新机遇，进入21世纪的标银集团，一方面继续扎根南非和非洲，拓展其机构和业务；另一方面稳步推进全球化战略，尤其是紧抓中非合作共赢、共同发展带来的前所未有的机遇。在中国，标银集团早在1999年就在上海设立了代表处，2001年通过收购弗莱明银行（Jardine Fleming Bank）进一步开拓亚洲市场，2004年创立了标准资源（中国）有限公司，拓展中国的商品交易业务。在标银集团首席执行官雅科·马瑞脑海中的国际版图里，中国市场是标银集团在新兴市场的重要支点，但与老牌欧美银行在对中国市场的熟悉、积累的经验及品牌知名度上，标银集团有不小的差距，雅科·马瑞一直在苦苦思索如何为标银集团

姜建清

找到中国市场的突破口。作为中国最大的商业银行，工商银行和其掌门人锐意进取，大刀阔斧推进改革及国际化扩张给雅科·马瑞留下了深刻的印象。

工商银行管理层在对国际金融环境和市场格局进行深入研究的基础上，提出了"立足亚洲、面向全球"的国际化发展战略，新兴市场是其海外发展战略的重要组成部分。在新兴市场中，非洲将成为世界经济未来新的增长点，这已经成为金融圈的基本共识。如何进入非洲市场？是设立分行还是收购兼并？这是摆在时任工商银行董事长姜建清面前的一个关键选择。作为非洲最大的本土银行，标银集团有着超过150年的悠久历史，遍布非洲20个国家的网络布局，在当地强大的渗透力和客户市场基础，很快引起了姜建清的浓厚兴趣。

在几次国际会议上，姜建清和雅科·马瑞两位银行家数次碰面，对世界经济、银行业发展和风险管理的见解不谋而合。或许是双方十分相似的职业轨迹，又或许是中非之间源远流长和日益发展的双边友好关系，姜建清和雅科·马瑞彼此的印象都很好，只是每次见面行色匆匆，总感意犹未尽。

战略合作浮出水面

在2007年6月国际货币会议在开普敦召开时，雅科·马瑞带着姜建清参观了标银集团位于约翰内斯堡商务中心区总部的地下金矿遗址，并举行了会谈。半天的会谈奠定了两家银行携手合作架起中非合作金融桥梁的基石。

随后，标银集团由国际业务部总经理罗伯特·莱斯（Robert Leith）领导，工商银行由时任董事会秘书潘功胜牵头，双方团队高度敬业，在短时间内就多个领域达成了战略合作的意向，包括联合营销、客户转介、合作推出投资银行及资源交易产品、全球贸易和资金业务、风险管理、个人及商业银行业务产品等，双方还在技术转让、区域互补性业务合作、集中采购等方面进行充分的信息交换，挖掘了可观的潜在合作机会，并共同起草了一份联合《战略合作协议》。

在谋求战略合作的过程中，工商银行获悉，标银集团正面临资本金相对不足的问题，拟增发股份以满足业务增长的需要，这为双方的战略合作向纵深发展提供了新契机。在非洲这块欣欣向荣的大陆上，南非无疑是最具发展潜力的新兴市场，南非的监管体系完善成熟，金融市场发达，20世纪90年代以来商业银行领域的并购整合不断深入，政府对外资进入银行业的管制也逐渐放松。姜建清认为，如果工商银行能够对标银集团的股份进行长期战略投资，无疑将会进一步夯实双方的战略合作。他将这一想法告诉了雅科·马瑞，并邀请他和时任标银集团董事长德瑞克·库博赴北京访问，进一步探讨股权合作细节。

雅科·马瑞与德瑞克·库博就这一建议进行了讨论，来自工商银行的长期投资不仅能为标银集团注入新资本，对标银集团推进发展战略目标具有一定的吸引力，更重要的是有助于巩固与工商银行结成的战略合作关系。

在北京即将迎来金秋季节之际，姜建清董事长和杨凯生行长热情款待了应约而来的雅科·马瑞与德瑞克·库博，并且开门见山地告诉对中非两家银行深入合作的思考。雅科·马瑞也坦诚地告知，标银集团之前也一直思索如何能与一家国际性银行建立战略关系，借助合作方的资产规模、客户基础，促进标银集团的扩张战略，并且也曾与几家国际银行有过初步接触，但都无果而终。他还坦言，尽管中国一直是标银集团一个重要的潜在市场，但之前从未想到中资银行的投资入股。自此，四位银行家以宏观的视野，透过世界经济格局、全球银行业发展态势，最终就投资协议和战略合作的大体框架达成了初步共识。

2007年10月，标银集团首席财务官、首席风险官、部分业务条线及地区的业务负责人一行8人从各地飞赴北京与工商银行进行访谈，访谈问题超过400多个，双方就与交易相关的潜在财务风险、法律风险和政治风险进行了细致全面的交流与评估，对战略合作与股份收购核心条款逐条进行谈判和修订。10月下旬，工商银行又组织了小规模的6人工作组秘密前往南非开展补充尽职调查。

在尽职调查的基础上，双方就交易的具体方案展开磋商。标银集团的股权较为分散，最大的股东是南非公共投资集团，约持股13.9%，其后是耆卫保险公司以及Tutuwa（黑人经济振兴法案）参与者，各占比约8.2%、7.6%，其他股东的持股份额均不到5%。最初标银集团希望工商银行入股10%，但工商银行认为这一比例并不能体现战略投资的目的，提出入股20%，成为标银集团的第一大股东，并可以并表管理。"标银集团是一家非常优秀的银行，工商银行对非洲的市场不是非常熟悉，我们要依靠他们经营。入股20%是希望作为最大的股东来表明合作伙伴的诚意。这样，双方才能真正实现'共同发展'。"就这次交易的股权安排，姜建清董事长这样解释。

标银集团作为南非最大的商业银行，一次性出让太多股权会引起政府部门和监管机构的关注，可能会增加监管审批的难度。当时，多家大型国际金融机构都有意竞购标银集团，其中汇丰就与标银集团洽谈过数次，最终因其获得更多股权的要求无法达成一致而告吹。"相较而言，工商银行的收购方案不具有侵略性，不要求更换管理层，再加上中非友好深入合作的宏观背景，所以标银集团的管理层和股东最终把票投给了工商银行。"一位投行人士如此评价。

过多的新股发行将使标银集团有过高的资本，并对股本回报率产生很大的压力。为实现工商银行持有20%股份的要求，并同时兼顾交易后对标银集团的财务影响，双方在研究讨论了多种入股方案后，提出了"10%+10%"的双重收购结构，即10%为标银集团向工商银行定向发行新股，另外10%为工商银行收购标银集团已发行的普通股，认购新股和收购老股互为前提条件。

适当的交易价格是本次交易成功的又一关键。价格太高有损工商银行利益，价格太低则难以获得标银集团股东大会的批准，而且可能引发欧美大行的竞争性要约。在参考了众多交易先例后，新股定价以交易宣告前30个交易日标银集团股票按成交量加权平均的价格，老股定价为相对于新股认购价30%的溢价，最终收购价格为120.29南非兰特/股，平均溢价水平为15%，既能保证对标银集团股东有一定的吸引力，又能够合理控制工商银行的收购成本。

在并购后的管理权控制上，双方的谈判也很艰难。按照工商银行之前的并购惯例，一般而言，在实施一些规模相对较小的收购时，工商银行采取控制管理权的模式。这种模式好处在于，能比较容易地使并购标的和工商银行在文化和管理上形成契合。然而这一次不同，工商银行对标银集团的收购虽为单一最大股东，但不是控股权及管理权收购。如何切实维护工商银行在标银集团投资的安全性、收益性，以及第一大股东的合法权益是工商银行与标银集团交易谈判的重中之重。虽然标银集团的管理团队本身很优秀，银行也运行良好，工商银行对该银行的企业管理文化、风险处理方式和未来发展战略都较为认同，但工商银行认为仅仅参加股东大会行使股东权利是远远不够的，还必须通过派员参加董事会参与标银集团的经营战略制定和重大经营管理决策。而标银集团现有董事会成员多为独立非执行董事，原则上股东并不派出董事。经过积极谈判争取，最终标银集团同意工商银行有权提名两名非执行董事，其中一名是副董事长，同时担任标银集团信贷委员会、风险与资本管理委员会、董事事务委员会委员和集团审计委员会的观察员。

2007年10月25日，经双方董事会审议通过并同时发布公告，工商银行收购标银集团20%的股权，并有权参与标银集团的任何新股票发行，以保持其20%的控股权。45天的时间，加上工商银行和标银集团双方严格的保密措施，在此次交易公布前没有出现任何市场传闻，标银集团的股价和成交量都表现平稳。

花旗的意外之声

交易公告后，市场和媒体反应积极。南非电视台晚7点黄金时段节目中以头条新闻播出，当地电台和网站都在第一时间对此进行了报道，全球各大新闻媒体在显著位置都刊登了这一消息，就连向来挑剔的境外大牌媒体亦对此交易褒奖有加。

媒体评价

南非《时报》在题为《打破多项纪录》的文中指出，"这是南非结束种族隔离之后得到的最大一笔境外直接投资；这是中国公司迄今为止最大的一笔海外投资"。《证券日报》发表题为《书写"走进非洲"，以收购模式进军海外的杰作》一文，"通过这项收购，工商银行不仅获得了为中非贸易和投资提供金融服务的机会，将触角延展至非洲，完善了其全球化的布局，而且，此次收购为工商银行未来在全球范围内进行综合化经营埋下了至关重要的伏笔"。《国际先驱导报》撰文《"中非配"超越"英非配"》，"当年英国巴克莱银行收购南非联合银行（ABSA）60％的股份已十分轰动，当'黄金之都'的约翰内斯堡传出中国最大银行巨资收购南非最大银行的消息，南非举国震惊，工商银行和标银集团的联手重量级更高、国际化更强"。南非《商报》在《扭转对华不满舆论》中评论到，"人们一直认为中国在非洲的发展战略是通过向非洲国家提供低廉的贷款换取资源，而工商银行的动作意味着中国想和非洲一起谋求更大的发展"。美国《华尔街日报》认为，《工商银行布局彰显中国金融雄心》，"中国最大的银行宣布向南非投资55亿美元，这是经济强劲、资金充裕的中国正由输出玩具、运动衫和MP3播放器等商品向输出资本进化的最新信号"。英国《金融时报》说《工商银行找到好朋友》，"尽管工商银行在一年前进行了首次公开发行，手头资金充裕，但它在投资海外之前，显然经过了深思熟虑。55亿美元的收购价格并不高，与此前中国对非洲的交易不同，这是一宗非常公开的交易，条款和条件都很透明。这一交易清楚地显示了中国在非洲的投资逐步成熟，因为市场普遍认同标银集团是南非最优的蓝筹股和最稳定的金融企业，中国正在超越自己在过去以提供廉价贷款来换取矿产资源的策略"。

国际各大投资银行也纷纷就本交易发表专题研究报告，评价大都积极正面，但不免还是遇到了些许"杂音"。2007年10月29日，花旗集团证券分析师赫里·霍尔（Herry Hall）甩出重磅"炸弹"，发表了一份题为《我们不会投票赞成每股136兰特的转让协议》的研究报告。该报告洋洋洒洒28页，开篇直接抨击此次收购项目，认为"该交易存在诸多圈套"，指出"标银集团的稀缺价值在于它是南非四大银行中非洲业务网络覆盖最全面的，而目前工商银行正以历史性的超低价格收购这一稀缺价值的股权，10％+10％的交易结构隐藏了收购均价120.29兰特的事实"，并力图怂恿股东"实在的公平价格应为每股187.7兰特，但考虑到引入工商银行作为战略合作伙伴的协同效应，建议最终向工商银行要求每股161.2兰特的转让价格"。

与其他投资银行的报告相比，这份报告不仅观点偏激、措辞严厉，并且明显具有一定的政治挑衅性。其中有一段文字，如今读来依然耐人寻味："对南非来说，让中国政府有效控制南非银行业'皇冠上的明珠'是正确的吗？工商银行所持的20%股份会不会是以南非作为代价为中国的发展提供便利呢？"

该报告出自一家在全球颇有影响力的投资银行，此文一出，势必对股东及舆论产生一定影响，鉴于此次收购交易需要在公告后获得股东大会75%的多数票通过，并经南非法院的最终裁定。这一报告引发的波折增加了交易的不确定性，尤其是选在这样的关键时刻发布，不禁让人有"是否别有用心"的怀疑。

并购完美收官

针对这份突如其来的负面报告，两家银行沉着应对，密切关注资本市场和新闻媒体对本次交易的最新评论。标银集团管理层多渠道全面搜集和了解各类投资者的投票倾向和存在的疑虑，双方共同拟定了一份周密的沟通计划。2007年11月，标银集团与工商银行管理层和业务骨干们坐在一起，开展了为期4天的战略合作会谈，讨论了若干重点合作领域的实质性合作机会。在高级管理层的亲自参与下，经历了无数次的讨论修改，标银集团与工商银行的合作蓝图逐渐清晰起来，能让股东更多地、更直观地了解以股权为纽带开展战略合作对于双方的战略意义和经济利益。

2007年11月下旬，姜建清董事长和潘功胜董秘率团出访南非，主动拜访了南非储备银行银行注册处负责人埃罗尔·克鲁格（Errol Kruger）以及南非财政部部长特雷弗·曼努埃尔（Trevor Manuel）。坦诚且高效的沟通对于此次交易最终顺利获得南非监管机构的审批起到了至关重要的作用。埃罗尔·克鲁格表示，欢迎工商银行投资标银集团，银行注册处关于本次交易的批准文件在交易双方正式对外宣布前就已经发出，这在历史上并不多见。特雷弗·曼努埃尔先生指出，工商银行投资标银集团，体现了对南非宏观经济发展的高度信心，对于进一步促进中国和南非经贸发展具有十分重要的意义。

这次出访，姜建清一行在约翰内斯堡还参加了标银集团一年一度的管理层会议，会场人头攒动，标银集团全部高管层成员、业务线负责人，以及各地区分行负责人共400余人参加了大会。会上，姜建清热情洋溢的演讲引起了与会人员的共鸣，很多参会人员踊跃提问并希望有机会加入双方的战略合作团队，会议结束时全场起立，掌声经久不息。

在南非期间，工商银行代表团还通过一对一会谈、小型座谈会等多种形式会见了20多家标银集团的重要股东。一篇篇展示两家银行战略合作详细内容的演示文稿，使股东清晰地看到两家银行未来的增长机会、发展前景和实施路径。面对股东，姜建清推心置腹："我很理解，标银集团未来的收益和股东回报是你们最关心的问题，这也恰恰是工商银行一直关心的问题。工商银行投资55亿美元入股标银集团，这是一个严肃而又重要的决定，我们对标银集团的高级管理团队抱有信心，也相信他们有能力利用我们投入的资本创造出更多价值。一个亚洲最大的银行和一个非洲最大的银行携手，有什么理由怀疑未来呢？"雅科·马瑞也呼吁广大股东相信管理层的选择和判断，投票支持工商银行和标银集团的股权交易，他说："我们不仅仅可以获得进一步发展所需的资金，还将获得一个长期的支持性股东，一个值得信赖的战略合作伙伴。"这次南非之行取得了明显的效果，标银集团做了一次股东调查，结果显示赞成交易的股东比例较两天前上升了13%。

虽然在公告前工商银行先获得标银集团前5大股东的不可撤销承诺函，但这5大股东仅持有标银集团35%的投票权，而标银集团的股权相当分散，其他股东的持股比例均不足5%，因此，能否在股东大会上获得75%的赞成票仍然具有较大的不确定性。在标银集团董事会期间，姜建清幽默地和德瑞克·库博开玩笑："双方股东大会能否顺利通过这项交易是决定双方战略合作能否成功的关键所在，需要双方董事会和管理团队的共同努力。我们打个赌吧，看看哪家银行的股东大会获得投票的赞成率更高。"

2007年12月3日，"赌局"结果揭晓：工商银行股东大会以99.96%的赞成票通过了本次交易，标银集团股东以95%的赞成票高票表达对此次交易的支持。这一结果就连标银集团的管理层也十分惊讶，雅科·马瑞说："对于任何一项交易来说，如果能够得到95%股东的支持都是很不寻常的，这充分说明了投资者对双方战略合作前景的信心。"

此后，中国和南非的监管机构、法院相继批准了本次交易，2008年3月3日，工商银行与标银集团顺利完成资金与股份交割。由此，两家银行机构之间的战略合作正式开启。

第二节　携手并肩谋发展

　　标银集团与工商银行的合作伙伴关系在三个层次上运作：战略、经营和财务。双方成立了工行——标行战略合作委员会。委员会的联合主席分别由标准银行CEO 雅科·马瑞和工商银行行长杨凯生担任。在雅科·马瑞和杨凯生因年龄原因调整工作后，分别由标准银行的CEO本·克鲁格（Ben Kruger）和西姆·沙巴拉拉（Sim Tshabalala）与时任工商银行行长易会满和谷澍先后接任，充分体现了高层的重视。在战略上，工商银行支持标银集团在新兴市场的活动，反之亦然。在经营上，两家银行以各种方式相互支持，包括：筹集中国资本以在加纳、俄罗斯、巴西和蒙古等国家为基础设施项目提供资金，使中国公司能够通过标银集团的互联网服务在非洲进行交易。在财务方面，工商银行希望从其在非洲的投资中获得良好的财务回报。从本质上说，双方的关系在非洲和中国这两个著名的新兴市场之间，以及在中国和非洲最大的银行之间，建立了一座金融服务桥梁。

"蜜月期"的挑战

　　2008年的国际金融危机改写了世界经济的历史，一家接一家大型金融机构轰然倒下，华尔街的信心彻底崩溃，全球股市大幅下挫，美国政府史无前

2008年3月18日，标银集团与工商银行在中国北京召开战略合作启动会议，标准银行CEO雅克·马瑞和工商银行董事长姜建清出席会议并见证合作签约。

例地动用万亿美元生死大救赎，各国央行空前一致出手救市。在金融危机的肆虐下，在世界范围内的各国银行，无论是发达国家的，还是发展中国家的，只要是融入了全球化大潮，很难独善其身。金融危机也给标银集团经营管理带来了巨大的压力，全球信贷市场急剧恶化，标银集团资产质量劣变信号也开始显现。银行的经营动态牵动着大洋彼岸工商银行的神经，雅科·马瑞每次来中国，姜建清必定安排时间会见他，询问标银集团的情况，告诉他工商银行的近况，同时分享彼此对全球经济的展望以及热点事件的看法，并对银行的发展战略进行探讨。作为兼任标准银行副董事长，时任工商银行行长杨凯生在每次董事会都认真听取标银集团管理层汇报，除了董事全体会议外，还通过电子邮件、非正式讨论和电话会议等多种形式进行沟通。标银集团管理层也更加频繁地与董事保持沟通，标银集团董事会成员大都同时会在2个或3个公司的董事会任职，从他们那里获取的信息，相当于了解到几十个不同董事会的观点，可以帮助管理层迅速做出更专业的商业决策。

2008年全球经济下行，西方发达国家经济集体减速导致南非发展的国际经济环境日趋恶化，但南非银行业受冲击程度有限，标银集团的盈利增势有所放缓，但仍然实现了两位数的增长；2009年，南非经济17年来首次陷入衰退，标银集团虽顶住重重压力保持了盈利，但资产质量劣变有愈演愈烈之势。

从发展战略和经营管理的角度进行深入分析后，时任工商银行行长、标准银行副董事长杨凯生和另一位工行派出董事刘亚干在标银集团董事会上提出了两项有针对性的管理改进措施，经过充分沟通并最终得到董事们和管理层的认可。这两项管理改进措施分别是：

第一是压降费用。受全球经济环境不景气影响，标银集团营业收入萎缩，但营业费用不降反升，成本收入比逼近60%，主要是由于员工费用和核心银行系统升级改造投入较大。对于标银集团核心系统分散外包研发，工商银行提出了双方开展IT合作，基于工商银行强大的软件开发能力及多年的大数据集中经验帮助标银集团提升科技支持业务的能力，从而节省开支、降低成本。2010年10月4日，标银集团管理层向南非和伦敦的员工发出了压缩费用的通知。

第二是战略转型。2009年开始，标银集团在南非及非洲其他地区盈利均出现下滑，2010年随着欧债危机爆发，标银集团海外业务盈利也开始萎缩。作为一家南非本土银行，标银集团未来一段时间应以强化风险管理为核心调整国际业务布局，收缩欧美等地区的国际业务，抓住能源和大宗商品需求回升的机会，把重心放回非洲，并相应加强非洲地区的经营管理和资源投入，力争在非洲取得突破性发展。

2010年，标准银行董事会对集团未来全球战略进行了深入的探讨，杨凯生提出，工商银行和标准银行的全球布局应该相互协同，标准银行作为非洲最大的银行，对非洲风险和非洲机会有着深切的理解，也有强大的本地团队和本地客户基础，应该"扬长避短"，回归非洲，深耕非洲，把有

限的资源用到刀刃上；工商银行在非洲的业务发展，服务中资企业在非洲
的金融需求，主要依赖标准银行。而相比于标准银行，中国工商银行拥有
更为雄厚的资本实力，更加有条件进行全球化的机构布局，可以和标准银
行形成战略性互补，甚至可以考虑接盘一些标准银行希望退出并工行期望
进入的市场，以利于标准银行集中精力深耕非洲。这一提议得到标准银行
董事会的热烈响应，随后标准银行一系列海外布局的调整都是在这一背景
下展开的。"成本管理"和"回归非洲"战略的实施成效明显，2011年标
银集团盈利重拾强劲增长，2012年标银集团非洲其他地区的盈利增长非常
可观，至今，工商银行投资标银集团取得了良好的回报。

全面开花结硕果

金融危机对于全球每一家金融机构而言都是难题，但工商银行和标银
集团却牢牢把握住了在各国经济衰退时，中国经济"一枝独秀"所起到的
发展稳定器的作用，同时也为深化中非合作开辟了新的空间，为中非两大
商业银行的合作再创机遇。

由于金融危机，许多西方国家的资金和投资都退出了非洲，标银集团
在很多地区的分行业务明显减少，但中国地区的机构几乎是标银集团全球
分支中最繁忙的，成了业务的又一新增长点。在非洲人来看，这是非洲最
大的商业银行，且背后有一个强大的中国融资渠道及中国市场，而在中国
人来看，这是中国最大商业银行，且背后有一个西方专业团队以及在非洲
广泛的人脉资源。越来越多的在非投融资企业选择与工商银行、标银集团
合作，一方面工商银行的资金优势可保证项目资金到位，另一方面标银集
团与当地政府的人脉优势，对当地产业、资本市场与监管环境较为熟悉，
可保证项目建设及正常运营。

国际金融危机期间，各国纷纷调低利率，以宽松的政策刺激经济，
工商银行与标银集团准确研判市场形势，认为这种低利率环境在相当长的

一段时期内支撑着黄金价格，全球黄金供应存在较大缺口，适时开展了黄金转寄售业务。标银集团参与了南非超过50%的黄金进出口，占据了印度15%~20%以及迪拜黄金市场30%~50%的市场份额，依托其雄厚的实物黄金运作实力，标银集团成为工商银行的实物黄金固定供应商，有力支持了工商银行境内自有品牌金以及对公客户实物黄金业务。在金融市场领域，标银集团成为工商银行账户贵金属、基本金属及能源产品的重要交易对手之一。双方交易品种不断丰富，交易方式更加多样，即期、远期、掉期交易共同推进，双方的报价稳定且有竞争力。

美国次贷危机使得美元大幅贬值，欧洲主权债务危机使得欧元信心沦丧，而人民币逐渐登上国际舞台。在人民币加速国际化的背景下，工商银行和标银集团瞄准了这个发展趋势，开始了跨境人民币业务的合作，标银集团旗下的22家子公司或分支机构在工商银行开立了人民币跨境贸易结算账户，在跨境人民币购售业务上，工商银行作为一级交易商和银行间市场连续多年交易量最大的做市商，具有较高市场影响力和较强的报价能力，跨境人民币购售额度充足，能够为标银集团提供优质的报价及快捷的清算。

真正的合作也是相互取长补短的过程。标银集团在交易业务上比较强，所以工商银行派出优秀的员工去标银集团伦敦的交易中心学习；标银集团国别风险管理、反洗钱、反欺诈模型及业务培训等方面积累了丰富的经验，双方的风险管理团队就此加强交流和联系，相互学习；工商银行的信息科技能力非常强，标银集团的科技团队也经常来工商银行数据中心、软件开发中心参观，工商银行还组建了专业团队，为标银集团量身开发手机银行产品。这种取长补短、合作共赢的优势契合，在低迷的国际经济环境中展现出强大的生命力。

在公司与投行业务领域，标银集团与工商银行成功开展了中海油服收购阿尔维克（Alwico）海洋石油钻井公司项目、博茨瓦纳国家电力公司莫鲁卜勒（Morupule）B火电站8.25亿美元出口信贷项目、加纳可可10亿美元结构贸易融资项目、赞比亚卢姆瓦纳（Lumwana）铜矿4.2亿美元融资项目等若干个在全球市场颇具影响力和好评的国际融资项目。标银集团丰富的资源和大宗商品融资经验，使得与工商银行的合作相得益彰，打破了非洲融资市场一直被西方银团所主导的局面。2015年末，两家银行在中非合作论坛峰会期间共同签署了总金额为100亿兰特债券的兰特发债合作协议，用于支持南非工业化和基础设施项目建设。

在交易型产品与服务领域，标银集团和工商银行在主机直连的基础上，联合推出了首个服务于公司客户法人中非跨境现金管理平台，平台上线账户达47个，业务覆盖南非、纳米比亚、莫桑比克、马拉维、博茨瓦纳、莱索托、坦桑尼亚、肯尼亚、尼日利亚、毛里求斯等10个国家，开发了跨境账户信息查询、账户信息报告和付款功能，初步实现了通过网银平台为中资客户提供非洲本地现金管理服务的目标；在跨境人民币购售业务上，推动了人民币业务在非洲的发展，两家银行于2015年末在中非投融资论坛期间联合发布了"中国—南非直连汇款"产品。

在全球市场业务领域，标银集团作为工商银行在撒哈拉以南非洲和阿根廷地区的QDII次托管人；标银集团还与工商银行联合营销非洲各国央行人民币外汇资产管理业务。

在信息科技领域，标银集团与工商银行在2012年签订了《IT战略合作协议》，在工商银行的协助下，标银集团开发了手机银行Windows平台，并以业务合作为抓手，提升了金融服务能力和风险管理水平，共同探索在互联网、手机银行、云计算等高新科技领域的合作，易会满董事长给予了极大的推动。在个人金融业务、风险管理、运行管理等方面，标银集团与工商银行通过现场会谈、参观调研等方式开展了广泛而深入的交流，为双方深化合作提供支持。

特别值得一提的是，在合作过程中，标银集团和工商银行都未限定对方在自己国家的任何发展，双方合作并不"排他"。标银集团是中国四大银行的实物黄金供应商；2013年，标银集团与国家开发银行合作了对在南非能源项目建设提供10亿美元融资。

　　信任和沟通是标银集团与工商银行合作的基石，标银集团与工商银行团队中的每一个人或者每一方都相互尊重、相互理解和认同，主动倾听对方的声音，采纳正确的意见和长远的建议。雅科·马瑞在回顾两家银行的合作经历时说："标银集团与工商银行方面交流时没有任何困难，在合作中都采取了直接交流的方式。双方在解决问题的过程中一直轻松顺利，颇有成效。"为了更好地互相理解对方的文化和业务，2016年起两家银行还在符合各国劳工法律的基础上开展了人力资源互换活动，即双方各自派出其部分优秀骨干员工，到对方的总行进行为期几周或几个月的交换工作。通过人力资源的流动，加深了双方在文化、理念、业务、流程上的理解，更有力地促进了双方的务合作。

　　十年来，标银集团与工商银行的合作，从贸易融资、项目融资、银团贷款、现金管理等传统产品到结构性商品融资等创新产品，以"贸易+金融"方式为在非中资企业提供全方位的金融服务，有力地推动着中非贸易的发展。2015年7月，标银集团与工商银行、亚布力中国企业家论坛共同组织的"中非企业家论坛"期间，两家银行共同签署了《工商银行和标银集团关于推进全面战略合作伙伴关系的五年行动纲要》，该《纲要》是以双方股权为纽带的战略合作关系为基础，并基于双方独特的市场定位和竞争优势而制订的五年行动计划，它将对双方深化全方位、多元化、深层次的战略合作，提升专业化、综合化、体系化的客户服务水平，共同奠定中非金融服务市场引领者地位起到积极的作用。

　　一如标银集团150周年纪念画册的扉页上的那一小段文字："银行一旦离开了它所服务和支持的活动，自身没有任何意义和重要性可言，一个负责任的银行家永远不应忘记，他的工作根源于各式各样的无数储蓄和贷款客户。"这与姜建清在阐述工商银行国际化战略关注的重点可谓异曲同工：

"如何深入实施有效的本地化发展战略，推动东道国业务健康发展，成功塑造扎根当地、关心民生、回报社会的负责任一流大行形象，是工商银行国际化战略中关注的重点。"通过渐进方式带来的相互信任正在逐步影响双方的合作关系，正是基于这份信任与了解，此后两位银行家再度携手完成阿根廷和伦敦两桩收购，共谱工商银行与标银集团的收购"三部曲"。

优秀的中国团队

近十年，标银集团大幅增加了在中国大陆的实地业务，在位于北京核心经济区域的工商银行总部对面，开设了一家财务咨询公司——标银投资咨询(北京)有限公司（以下简称标银咨询），并为其在上海的大宗商品业务——标准银行（中国）商贸有限公司注入了更多资金。

标银咨询于2009年2月开业，拥有一个由10个银行家组成的小核心。此前，克雷格·邦德（Craig Bond）从标银集团蒸蒸日上的非洲业务中被紧急调派到中国，组建了一个新的团队，该团队花了2008年一整年的时间，在北京的商业中心租赁了办公室，跨越了监管障碍（需要四个不同的许可证），招募当地人才，并更好地了解标银集团巨大的新合作伙伴——工商银行。

南非人发现，除了规模之外（工商银行有2.2亿个零售客户、16 500个分行和近400个分行），这两家银行之间还有许多其他的差异。工商银行作为一个主要的零售和商业银行，在跨国企业融资方面经验甚少，对新兴市场国家的风险也兴趣有限。然而，标银咨询很快就了解到，在向非洲提供跨境服务的过程中，并不是要尽力做到对所有中国人都一视同仁，而是要将其产品和服务限制在企业创建、结构性贸易、项目融资、并购交易经纪业务，以及面向中国非洲客户的对公交易银行业务，特别是在采矿、发电和基础设施方面。

随着人员迅速增长至近40名银行家（主要是中国的），标银咨询也从在每次会议上被询问它是否属于标准渣打银行的一部分，发展到被称为"非洲和矿业银行"。标银咨询实际上并不是一个银行。顾名思义，它是为通常由银行的其他部门执行的交易行为和交易决策，提供便利和咨询。在其运作的第一年，标银咨询代表该集团其他各司和工商银行一起完成了若干横跨南非、博茨瓦纳、赞比亚、加纳、委内瑞拉、蒙古等国家的具有里程碑意义的交易，这些交易产生的费用估计为上千万美元。标银咨询还与当地的金融发展机构和主权财富基金签署了一系列合作协议，并为标银集团在中国（含台湾）筹集了超过15亿美元的资金，为非洲基础设施项目提供了超过50亿美元的资金。

克雷格·邦德坦承，他在了解中国的商业和社会文化、了解政府政策在重大决策中的作用时，最初都犯了一些错误。但是，通过反复试验和从错误中吸取教训，以及在标银咨询的中国骨干员工的努力下，标银咨询得以制定和完成一长串潜在的跨境交易清单，其中许多交易都是由工商银行发起或提交的。标银集团在俄罗斯、土耳其、巴西、阿根廷和撒哈拉以南非洲等关键新兴市场的表现，也使标银咨询能够促进工商银行其自身在新兴市场国家中的活动。在工商银行高级管理人员出国寻找新的银行业务机会之际，标银集团高层的身影常伴随左右。

深远谋局再携手

商品业务是标银集团的核心业务之一。依托立足非洲的地缘优势和长期专业经营经验，标银集团在商品业务上形成了成熟的商业模式和独特的竞争优势，成为全球商品市场的重要参与者，在贵金属和基本金属领域拥有可观的市场份额，并在一些地区和产品线上占据领先地位。2011年11月末，姜建清董事长赴南非参加工商银行非洲代表处开业庆典时，与标银集团雅科·马瑞、公司与投行业务负责人大卫·蒙罗（David Munro）的会谈中提出了在商品业务领域合作的设想。姜建清董事长说："我们原本想建设一个工商银行自己的商品交易团队，但考虑到标银集团在伦敦、新加坡、纽约等地已建立起成熟的商品业务平台，具备为客户提供服务的能力，也符合我行商品业务发展的需要，我们觉得合作可能是一个很好的途径。我们双方可以探讨一下，在商品领域，有没有可能把标银集团现有的商品交易团队与工商银行的一部分团队组合起来，搞一个合资公司，共同将中国以及世界的需求作为一个市场来开展业务。"雅科·马瑞和大卫·蒙罗对这个提议非常赞成，他们表示，"成立一个从事商品交易的合资机构，将有利于发挥工商银行联系更多中国大宗商品消费群体、标银集团联系更多上游供应商的优势。我们将积极筹组团队，与工商银行就商品业务合作进行探讨"。

随后，工商银行和标银集团的工作团队开展了细致深入的沟通交流，分析了标银集团和工商银行的商品业务发展情况、双方各自的优势和不足，探讨了双方最佳的合作方式和路径。随着对彼此了解的不断加深，双方也逐渐明晰了合作方式，更倾向于由工商银行入股标银集团位于伦敦的全球市场业务平台——标准银行公众有限公司（Standard Bank Plc.，以下简称标银公众）来实现合资。标银公众是一家受英国监管的银行金融机构，经营全球市场业务、公司及投资银行业务，下设全球市场部和投资银行部。

2012年3月，工行再向南非标准银行表示："标银公众经营的业务包括全球市场业务、投资银行业务，工行的初步想法是可否将其中的商品业务单独拿出来与工商银行合作，总部还是放在伦敦，在伦敦开展业务很重要，那是金融的中心，商品交易的中心。其他的问题如平台如何取舍、人员上做多大调整都可以商量。工商银行会派一些人过去，也可以加一些资本，股权的比例也可以讨论。如果基本方针双方同意的话，可以制定一个更具体的、更具操作性的步骤和方法。然后，双方需要分别向董事会报告，获得董事会的支持。需要向监管部门汇报，涉及到英国的监管部门，也涉及中国的监管部门。"

2012年6月25日，雅科·马瑞致函工商银行，提出了工商银行通过直接入股标银公众50%的股权成立合资公司的新方案。同时，该方案中有一项重要的新提议，即合资公司的业务范围除商品业务外还包括FICE业务（外汇、利率、信用、股权）。标银集团表示这主要是出于监管审批难度和时效性考虑，标银公众的商品业务与FICE业务条线的关联密切，把商品业务一次性从中全部拿出成立合资公司，在监管审批、业务切割、系统分割、资产负债切割等方面复杂程度较高，大约需要三年，时间成本过高，且监管审批也面临较大的难度。

对标银集团提出的这项新提议，工商银行并购团队进行了详尽的研究和分析。在这个新的交易结构下，2012年9月10日、9月27日，标银集团公司与投行业务负责人大卫·蒙罗、时任全球金融市场业务负责人马克·范德斯普益（Marc van der Spuy）、时任中国区负责人克雷格·邦德（Craig Bond）与工商银行相关人员，就标银集团全球市场业务具体情况、合资公司总体方案、合资的关键条款等事项做了探讨和磋商，双方的合作思路进一步统一，方案不断完善。

2012年10月，雅科·马瑞到访北京，工商银行进一步表明了投资思路，"工商银行有兴趣投资标银公众，我们希望标银公众在现有业务基础上把投资银行业务剥离出去，形成一个干净的全球市场业务公司，由工商银行投资60%，标银集团持有剩余的40%。希望能够给工商银行一个为期五年的买入期权，可以收购额外20%股权到80%持股比例"。雅科·马瑞当即表示，按照回归非洲的总体战略，对于标银公众的未来，摆在标银集团面前的只有两个选择，一个就是与工商银行合作，一个就是缩减业务。如果工商银行愿意收购控股权，我们也乐见其成，工商银行持股60%没有问题，因为这意味着工商银行作为控股股东将对合资公司投入更多的资源，对公司的长远发展是有好处的。自此，工商银行控股收购标银公众的大框架在两行领导人的会见中基本建立起来。

随后，尽职调查启动。工商银行的非现场尽职调查是全面慎重的，而标银集团同时也充满急切。当时，市场上对两家银行的接触已出现一些报道和传言，随着大宗商品市场的动荡和监管的趋严，标银公众发展的不确定性增加了，是保留全部股权，通过削减成本、关闭部分业务维持自身发展还是将控股权卖给工商银行，引入大型战略合作伙伴，从而注入新的资本、客户资源，带动盈利新增长？踌躇了很久，标银集团新任联合首席执行官本·克鲁格先生决定带领标银公众的团队赴工商银行拜访姜建清和时任行长易会满，2013年7月，双方在工商银行总部大楼9层进行了会谈，本·克鲁格先生开门见山地提起了标银公众项目，再次把未来如何发展标银公众的几个想法与工商银行坦诚又不乏技巧地全盘托出，双方最终敲定将标银公众60%~80%的股权出售给工商银行的方案。

标银集团花了二十余年打造标银公众，使其在全球市场业务上建立了比较成熟的业务平台和业务模式，拥有较高素质的专业人才队伍、多个重要国际商品交易所会员资格、全球24小时交易能力、贵金属领域国际市场做市能力、商品（尤其是金属）领域全产业链实物和金融交易服务能力、能够满足业务需要的IT运营系统，以及基本符合英国严格监管要求的银行治理架构。最终，工商银行董事会批准了收购标银公众多数股权的议案，这一具有历史意义的交易。

本次收购交易的主要审批机构为中国、英国和南非三国的监管机构。此外，由于标银公众在迪拜、新加坡、美国、中国香港等地设有分支机构，交易需要获得迪拜金融服务管理局、新加坡金融管理局、美国金融业监管局、香港金融管理局的审批或同意。由于其他海外监管审批的态度很大程度上取决于英国监管机构的态度，于是伦敦金融城的审批成了重中之重。2014年7月2日，经过五个多月的精心准备，工商银行向英国审慎监管局（PRA）递交了收购标银公众多数股权申请材料的草稿预审。12月10日，收到了英国审慎监管局的正式批准。

2015年2月2日晚，伦敦吉本森大厅（Gibson Hall）内灯火通明，觥筹交错，人头攒动，工商银行收购标银公众多数股权项目的交割典礼拉开了帷幕，工商银行正式成为标银公众的控股股东，并将其更名为工银标准银行公众有限公司（ICBC Standard Bank Plc.，以下简称工银标准）。在外界看来，这只是一条并购新闻，但工商银行和标银集团，尤其是双方并购团队深知此次交易的艰辛不易。此次收购交易从初步意向的形成到交割的圆满完成历经了近四年的时间，"这是一项复杂的交易，几个报告像书一样厚，项目持续研究的时间已经是工商银行并购史上最长了"，姜建清董事长如是说，"尽管这次交易金额与之前的几次中小型机构的并购规模差不多，但我们之前从来没有花费过这么大的精力，非常小心翼翼，反复下工夫要把业务、机构的特点搞清楚、弄明白。这次收购很特殊，与过去的十五次收购不同，是工商银行第一次针对海外业务条线的收购，并购对象不同于传统商业银行的性质，整个过程我们始终很慎重"。

此次收购创了多个第一，意义重大。时任行长易会满（现任董事长）在交割典礼上表示："工银标准成功展业，是工商银行在2008年入股标银集团、2012年收购阿根廷标准银行后，与标银集团的又一次重大合作，充分体现了工商银行与标银集团的紧密战略合作伙伴关系。这次收购是中国银行业首次通过并购国际银行的方式进入全球金融市场领域，必将成为中英两国金融合作的重要里程碑事件。"

标银公众更名为工银标准后，恰逢主要国际金融和大宗商品市场的参与者表现不佳，面对严峻的市场环境，工银标准的管理层不为困难所惧，而是紧紧立足于长期发展的战略基点，理性客观地分析当前形势，依托工商银行的全球网络和客户优势，危中觅机，拓展市场，积极应对挑战。一年多的努力收到了回报，2016年上半年，工银标准业务收入持续改善，成本控制措施初见成效。2016年4月，工银标准正式获准成为伦敦金银市场协会（LBMA）146家会员中的第14家黄金与白银即期做市商，其余13家都是欧美一流的大型国际银行；5月，工银标准获美国监管机构批准，成为符合美国《多德-弗兰克法案》下美国商品期货交易委员会（CFTC）认可的注册掉期交易商（swap dealer），也是首家获认可的中资控股掉期交易商。2017年，工银标准实现了收购以来的首次扭亏为盈，也是这家机构自金融危机以来首次盈利。工银标准的交易能力和市场地位正得到越来越广泛的市场认可，它也正向着收购时制定的战略目标稳步迈进。

第三节　扬帆破浪正当时

　　2013年，中国政府提出了"一带一路"倡议，世界多国都表现出浓厚兴趣并不断加入其中。中国提出"一带一路"倡议旨在通过互联互通、平等合作，与"一带一路"沿线国家实现共同发展、共同繁荣。将"一带一路"倡议与非盟《2063年议程》相对接，与非洲各国的发展战略相对接。在此基础上，把非洲发展同中国的发展结合起来，同亚欧大陆的振兴结合起来，同区域一体化和经济全球化的时代潮流结合起来。在这个过程中，标银集团作为具有中国"血脉"的非洲银行，依托与工商银行之间的密切合作，将在助力中非经贸合作的同时迎来新的发展机遇！

深耕非洲

　　为了贯彻"深耕非洲"的战略导向，标准银行自2010年起逐步收缩非洲以外其他地区的机构网络，先后关闭了在俄罗斯、土耳其、巴西、中国台湾地区机构，2012年将标准银行阿根廷80%的控股权出售给工商银行，更名为工银阿根廷；2015年，标准银行将总部位于英国伦敦的标银公众60%股权出售给工商银行，更名为工银标准，原标银公众旗下在新加坡、日本、迪拜、上海、纽约的机构也随之转入工银标准。标银集团拥有机构

的非洲以外国家数由19个减少到13个。

在非洲之外收缩的同时，标准银行集中兵力拓展非洲市场，2014年新设埃塞俄比亚代表处，这是标准银行在撒哈拉以北非洲的第一家机构。2016年设立科特迪瓦代表处，2018年升格为科特迪瓦分行，这是标准银行在西非法语区的第一家分行。2018年，标准银行进一步增资尼日利亚标准银行（Stanbic IBTC），使其持股比例从53.09%增加到64.44%，加大对尼日利亚这个非洲人口第一大国的投资。截至2018年5月末，标准银行已经在非洲20个国家拥有分支机构，成为非洲资产规模最大、机构网络最全的商业银行。

新老交替

伴随着标准银行深耕非洲战略的实施，以及南非黑人经济权益促进计划（BEE）的深入推进，标准银行的董事会与管理层也逐渐实现了新老交替。

由于历史和现实的原因，标准银行的董事会和高管层在相当长时间内都是以白人精英为主，黑人银行家在标准银行高管层中的比例与南非人口的种族比例极不相称，引起社会各界的关注和批评，在董事会和管理层中培养和吸引黑人高管成员成为一项非常迫切的政治任务。

2010年，标银集团董事长德瑞克·库博达到70岁的强制退休年龄，弗雷德·法斯瓦纳（Fred Phaswana）接替德瑞克·库博担任了标准银行集团董事长，成为标准银行集团有史以来第一位黑人董事长。

2013年，担任标准银行首席执行官13年之久的雅科·马瑞卸下了CEO的担子，标志着标银集团管理层新老交替的序幕拉开。但在雅科·马瑞之后由谁接替CEO一职颇费思量。当年标准银行有三位副CEO，都是潜在的接班人选。他们分别是本·克鲁格（Ben Kruger），白人银行家，53岁，主要负责公司投行业务与零售业务；西姆·沙巴拉拉（Sim Tshabalala），黑人银行家，44岁，主要担任标银南非首席执行官；彼得·沃顿—胡德（Peter Wharton-Hood），白人银行家，47岁，主要担任标银集团首席运营官，负责后台管理。经过反复酝酿和斟酌，标银集团董事会决定由本·克鲁格和西姆·沙巴拉拉担任联席首席执行官，形成一黑一白的双CEO搭配。这种搭配显然是一种过渡性安排，既把年轻有为的黑人银行家西姆·沙巴拉拉摆到CEO位置上，呼应政府及社会有关提升黑人权益的呼声，又挽留了在标准银行部很受尊重、经验丰富的本·克鲁格，以确保核心管理团队的稳定和延续。本和西姆实行双CEO机制也有利于逐步培养西姆独挑

本·克鲁格
（Ben Kruger）

西姆·沙巴拉拉
（Sim Tshabalala）

大梁的能力。另外一位集团副CEO彼得·沃顿—胡德于2013年离开了标银集团，其所负责的后台科技及运营管理由本·克鲁格接手管理。

2015年5月，标准银行董事长弗雷德·法斯瓦纳年满70岁退休，图拉尼·卡巴仕（Thulani Gcabashe）接棒担任非洲最大银行董事长。卡巴仕曾于2000—2007年期间担任南非电力公司CEO，自2003年以来担任标准银行集团独立董事。

2017年9月，在联席CEO机制运转4年之后，本·克鲁格辞去联席CEO职务，西姆·沙巴拉拉成为标银集团的唯一首席执行官，这也是标准银行历史上首位黑人集团CEO。本·克鲁格继续留任标银集团执行董事。至此，标银集团的董事会和高管层平稳实现了新老交替，越来越多的本土黑人银行家进入标准银行高管团队，具有156年悠久历史的标银集团，正以全新的姿态，迎接非洲银行业的未来。

在此非常荣幸地提及2018年2月当选的南非新总统马塔美拉·西里尔·拉马福萨（Matamela Cyril Ramaphosa）。拉马福萨总统与标准银行集团的历史渊源悠久，标准银行集团还曾经非常荣幸地由拉马福萨担任董事。这要追溯到他离开政坛之

图拉尼·卡巴仕
（Thulani Gcabashe）

时。1997年离开政坛后，他将主要精力用于创建和运营投资集团山杜卡集团（Shanduka，中国投资责任有限公司于2011年投资收购了其25%的股权），并担任集团执行董事长。山杜卡集团的投资范围较广，涉及矿产资源、能源、房地产、银行、保险、通信多个行业，在2011年3月还收购了南非所有145家麦当劳餐厅，获得这些餐厅20年的经营权。此外，他还担任了Bidvest Group、MTN、Mondi、Macsteel Holdings，Alexander Forbes等多个公司的董事长或非执行董事。2004年，拉马福萨开始在标准银行集团担任非执行董事，后于2013年5月退休。

马塔美拉·西里尔·拉马福萨
（Matamela Cyril Ramaphosa）

马塔美拉·西里尔·拉马福萨，1952年出生于约翰内斯堡，1981年从南非大学（University of South Africa）取得学士学位。后积极从政，进入南非工会理事会（Council of Unions of South Africa），并组建全国矿工工会（National Union of Mineworkers）且担任秘书长，后于1991年被选举为非洲人国民大会（African National Congress）秘书长。拉马福萨于1994年选举为国会会员，并担任制宪委员会（Constitutional Assembly）主席，然而在1997年竞选总统失败而离开政坛。拉马福萨作为雅各布·祖玛的副总统候选人于2012年底再次参加竞选，并于2014年成为南非副总统。随后其在2017年11月竞选成为非洲人国民大会主席，并于2018年2月竞选成为南非总统。

大有可为

非洲作为发展中国家最多的大陆，也是未来增长最快和最有希望的大陆。中国是世界上最大的发展中国家，非洲是世界上最大的发展中国家集团，非洲的发展前景与中国改革开放四十年来的发展轨迹高度吻合，中非互利合作潜力巨大。中国与非洲经济互补性很强，非洲拥有丰富的资源、快速增长的人口及大规模基础设施建设需求。中国发展对资源需求较大，企业"走出去"与产能转移加速，人民币国际化进程持续推进，将为中非合作带来更多机会。近年来，中非双边贸易规模快速增长，2008年中非双边贸易总额约为107亿美元，2014年翻一番达到220亿美元，预计到2020年，中非贸易规模将再翻一番达4 000亿美元；2008年中国对非直接投资存量约78亿美元，2014年增长到300亿美元，预计到2020年，中国对非直接投资存量将翻两番达到1 000亿美元。

2015年12月，中非合作论坛峰会在南非约翰内斯堡召开，这是继2006年10月在北京召开首届北京中非峰会之后，第一次在非洲大陆举办中非合作论坛峰会，也是历史上中国政府第一次在海外举办大型国际峰会。中国国家主席习近平继2013年3月访非之后第二次出访非洲，同50多位非洲国家的国家元首、政府首脑共商中非合作的未来发展大计。习近平主席在峰会期间宣布将中非"新型战略伙伴关系"提升为"全面战略合作伙伴关系"。习近平主席提出，为推进中非全面战略合作伙伴关系建设，中方愿在未来同非洲在工业化、农业现代化、基础设施、金融、绿色发展、贸易和投资便利化、减贫惠民、公共卫生、人文、和平和安全等领域共同实施"十大合作计划"，坚持政府指导、企业主体、市场运作、合作共赢的原则，着力支持非洲破解基础设施滞后、人才不足、资金短缺三大发展瓶颈，加快工业化和农业现代化进程，实现自主可持续发展。为确保"十大合作计划"顺利实施，中方决定提供总额600亿美元的资金支持，包括：提供50亿美元的无偿援助和无息贷款；提供350亿美元的优惠性质贷款及出口信贷额度，并提高优惠贷款优惠度；为中非发展基金和非洲中小企业发展专项贷款各增资50亿美元；设立首批资金100亿美元的"中非产能合作基金"。

　　工商银行是中国最大的商业银行，标准银行是非洲最大的商业银行，双方都植根于新兴经济体，在中国和非洲金融体系中处于核心领导地位，双方强强联手的空间广阔。中非合作论坛约翰内斯堡峰会期间，工商银行与标准银行强强联手，成为中非合作论坛唯一的金融赞助商，举办了中非投融资论坛，吸引了150多位中非企业家和政府代表参会，签署了一系列双边投融资协议，彰显了中国最大银行与非洲最大银行战略联盟的重大意义。2018年，中非合作论坛北京峰会将在北京召开，非洲各国元首与企业家将云集北京，共商中非合作的未来，可以预见，中国工商银行与标准银行集团的战略合作，将再次在这次中非盛会中成为各界关注的焦点。

　　潮起海天阔，扬帆正当时。从1862年在开普殖民地伊丽莎白港正式扬帆启航，标准银行集团一百五十六年以来，风雨兼程，破浪前行，在挑战中革弊求新，在机遇中创新突破，实现了经营发展的历史性跨越。一百五十六年上下求索，承载着无尽的责任与担当、奋进突围的过往，记载着标准银行一次次逆境崛起的铿锵步伐。作为中非友谊的参与者、塑造者，标银集团将继续踏浪前行，在"一带一路"倡议的新征程上更好地发挥中非合作新篇章的金融桥梁作用。